# 원어민식
# 영어 학습법
## 실전편

# 원어민식 영어 학습법 실전편

| | |
|---|---|
| 발행일 | 2018년 12월 7일 |

| | | | |
|---|---|---|---|
| 지은이 | 문현국, 문예지 | | |
| 펴낸이 | 손 형 국 | | |
| 펴낸곳 | (주)북랩 | | |
| 편집인 | 선일영 | 편집 | 오경진, 권혁신, 최예은, 최승헌, 김경무 |
| 디자인 | 이현수, 김민하, 한수희, 김윤주, 허지혜 | 제작 | 박기성, 황동현, 구성우, 정성배 |
| 마케팅 | 김회란, 박진관, 조하라 | | |
| 출판등록 | 2004. 12. 1(제2012-000051호) | | |
| 주소 | 서울시 금천구 가산디지털 1로 168, 우림라이온스밸리 B동 B113, 114호 | | |
| 홈페이지 | www.book.co.kr | | |
| 전화번호 | (02)2026-5777 | 팩스 | (02)2026-5747 |

| | |
|---|---|
| ISBN | 979-11-6299-439-9 13740 (종이책)   979-11-6299-440-5 15740 (전자책) |

이 도서의 국립중앙도서관 출판예정도서목록(CIP)은 서지정보유통지원시스템 홈페이지(http://seoji.nl.go.kr)와 국가자료공동목록시스템(http://www.nl.go.kr/kolisnet)에서 이용하실 수 있습니다.
(CIP제어번호: CIP2018038526)

**(주)북랩** 성공출판의 파트너

북랩 홈페이지와 패밀리 사이트에서 다양한 출판 솔루션을 만나 보세요!

**홈페이지** book.co.kr   •   **블로그** blog.naver.com/essaybook   •   **원고모집** book@book.co.kr

자기 소리 녹음해 발음과 억양을 교정하는
독학 영어회화 길라잡이

# 원어민식 영어 학습법 실전편

문현국·문예지 지음

북랩 book Lab

　2018년 5월 16일 『원어민식 영어 학습법』이 출간된 후 독자들의 반응을 줄곧 살피고 있었다. 2017년부터 원고를 준비하면서 〈카이유〉, 〈모던 패밀리〉 등에 대한 오디오 및 비디오 자료, 대본 등을 포함한 각종 학습 자료를 준비하느라 실제로 학습(연습을 포함하여)할 기회는 많지 않았다. 첫 번째 책을 출간한 후 어느 정도 시간이 나서 카페(https://cafe.naver.com/tenter7)를 관리하면서 책에서 제시한 방법대로 〈카이유〉 시즌 1부터 시즌 5까지를 마쳤다. 3월 29일 처음부터 다시 시작하여 135일(4.5개월) 만에 시즌 5까지 마쳤다. 그것도 직장 생활을 하면서 완료하였다. 물론 TV 뉴스나 각종 방송들을 거의 안 보면서 학습한 결과이긴 하다.

　첫 번째 책에서 제시한 방법에 따라 〈카이유〉 전체를 끝내지 않고 책을 출간한 것이 약간의 염려가 되긴 하였으나 시즌 5까지 완료하고 보니 기우였다는 생각이 들었다. 영어 듣기는 물론이고 말하기 실력이 아주 많이 향상된 것을 느낄 수 있었다.

　일반적인 어학연수나 학원수강을 통하여 유학을 준비하였던 딸의 경우 미국에 유학가서 공부를 하면서도 귀를 트는 데 1년 반 정도의 시간이 걸렸던 것에 비하면 너무나 좋은 학습 효과인 것 같다. 다음은 첫 번째 책에 실었던 딸의 글 일부이다.

영어가 준비가 되었다고 자부하며 유학을 온 나는 처음부터 좌절을 맛보았다. 중요한 것은 영어를 따라가는 것이었는데 어떻게 해야 할지 막막했다. 영어는 그렇다 치고 어떻게 다른 과목을 따라가야 할지에 대해 고민하는 시간이 많았다. 한국에 계시는 부모님께서 걱정하실까 봐 당시에는 그런 고민에 대해 많이 이야기하지 않았던 것 같다. 결론적으로 학교에서 ESL(English as a Second Language) 수업을 일 년 정도 듣고, 지금은 결혼을 하게 된 남편으로부터 영어 과외를 받게 되면서 일 년 반 정도 후에 귀가 트이는 경험을 하였다. 그렇다고 말을 잘하게 되었다는 것은 아니다. 말을 잘하고 생활하는 데 문제가 없기까지는 거기서 또 몇 년이 더 걸렸던 것 같다.

그런데 문제가 발견되었다.

책을 구입하는 사람은 꽤 많은데, 책에서 제안한 대로 따라 하는 사람은 그렇게 많지 않은 것 같았다.

2018년 7월 21일, 이에 대하여 곰곰이 생각하다가 교사용 교재가 한 권 더 필요하겠다는 생각이 들었다. 떠오르는 생각을 모아 카페에 글을 올렸다. 이제 시간이 되어 그 두 번째 책『원어민식 영어 학습법 실전편』을 쓰기 시작한다.

이제까지 내가 학습해 왔던 방법, 각종 자료를 준비해 왔던 방법에 대하여 아주 자세하게 쓸 생각이다. 학습 방법 및 설명을 담은, 내가 직접 제작할 동영상 자료는 가능한 카페를 통해 모든 독자들과 공유하려고 한다.

2018년 12월
문현국

# Part 02 소프트웨어

Part 05

## 응용편

Part **01**

# 교사용 지침

*abcdefghijklmnopqrstuvwxyz*

# Chapter **1.**

# 원어민이 말하는 것

## 1) 오디오(Audio)와 비디오(Video)

원어민이 말하는 것으로 학습에 많이 사용하는 학습 자료에는 오디오(Audio)와 비디오(Video)가 있다.

둘 다 여러 가지 포맷이 있지만, 이 책에서는 오디오는 MP3, 비디오는 MP4 포맷으로 된 것을 이용하여 설명하려 한다.

애니메이션, 드라마, 영화 등에 관한 자료는 시중에서 DVD-ROM이나 CD-ROM으로 된 것으로 구입하여 활용할 수가 있다. 그러나 일반적으로 한 번이나 두 번 정도 시청할 때는 DVD-ROM이나 CD-ROM을 활용할 수도 있겠지만, TENTER(TEN Times English Recording)의 방식(대상을 익힌 후 10회씩 녹음하는 것)으로 학습하려면 유튜브(YouTube) 등에서 MP4 포맷으로 다운로드받는 것이 더 편리한 것 같다. 다운로드받으면 컴퓨터에서 자유롭게 분할하거나 합칠 수도 있고 구간을 지정하여 반복하여 학습을 할 수도 있기 때문에 편리하다.

그러나 인터넷에서 정확한 대본이나 한글 번역본을 다운로드할 수 없는 경우

DVD-ROM이나 CD-ROM으로 된 자료를 구입하는 것도 나쁘지는 않을 것 같다. 드라마의 경우 애니메이션에 비하여 구입하는 비용이 훨씬 적게 드는 것 같다.

〈모던 패밀리〉는 DVD-ROM을 아마존에서 구입하면 영어 대본을 자막으로 볼 수 있으나 대개 한글 자막은 제공받을 수 없다. 영어나 한글 대본은 인터넷에서 다운로드받는 것이 편하다. 많이 알려진 드라마여서 인터넷에서 다운로드받기가 어렵지 않다.

〈카이유〉를 유튜브에서 다운로드받는 비용은 무료이다. 그러나 이에 대한 한글 번역이 포함된 DVD-ROM 자료는 미국 드라마 등에 비하여 좀 더 비싸게 주고 구입하여야 한다. 가족이나 소그룹이 같이 학습할 경우에는 한 세트만 구입한 다음 이 책에서 제시하는 방식으로 대본을 만들고, 한글 대본은 전체적인 느낌만 이해할 정도로 두세 번 정도만 보는 것도 하나의 방법이 될 수 있을 것 같다. 영어의 기초를 든든히 다지고 싶은 분이나, 쉬운 것부터 학습할 필요성을 느끼는 모든 사람은 애니메이션부터 시작하는 것이 좋을 것으로 생각한다.

나의 첫 번째 책인 『원어민식 영어 학습법』이나 이 책에서는 〈카이유〉 시즌 1에서 시즌 5까지를 소개하고 있으나, 처음에 시작하는 개인이나 그룹은 시즌 1만 DVD-ROM 교재를 구입하여 익힌 후, 다음 자료를 구입하여도 늦지 않을 것 같다.

TENTER로 학습하는 것은 약 2~3분 정도 길이의 영어 동영상이나 음성을 듣고, 익힌 후 10번을 녹음하는 것이다. 그러나 10번 녹음하는 것이 그 동영상이나 음성에 대한 학습의 끝은 아니다. 처음에 연습 후 10번을 녹음하고 나면 머리에 남는 것도 있고, 처음보다 말이 많이 부드럽게 나오는 것을 느낄 것이다. 〈카이유〉 시즌 1을 연습할 경우, 에피소드 1부터 에피소드 65까지 꾸준히 학습하여 끝낸다. 이후 이러한 학습을 적어도 2~3회, 많게는 5~10회 정도까지 할 수도 있다. 동일한 내용을 학습하는 것이 지겹다고 느껴지면 언제든 다음으로 진도를 나가도 된다. 〈카이유〉 시즌 1을 끝냈다면, 시즌 2, 시즌 3 등으로 학습을 할 수도 있고, 내가 학습을 한 것과 같이 〈노팅 힐〉이나 〈모던 패밀리〉 등을 학습할 수도 있다. 아니면 번갈아 가며 학습을 병행할 수도 있다.

2018년 10월 현재 〈카이유〉 시즌 1을 4번째 정도(처음에는 녹음을 하지 않아서 정확한 기록이 없다. 적어도 3번 정도 녹음한 기록은 있다) TENTER의 방식으로 학습을 하고 있는데, 확실히 처음보다 많이 좋아진 것을 느낀다. 〈노팅 힐〉을 한 번 학습하고 두 번째 하고 있는데, 이 또한 처음 할 때보다는 많이 잘 들리고, 학습하는 것이 부드럽고 쉬운 느낌이 든다. 결론적으로 꾸준히 노력하면 누구든지 원어민식 영어 학습법으로 영어를 마스터할 수 있다는 것이다.

첫 번째 책을 출간한 후, 〈카이유〉, 〈모던 패밀리〉, 〈노팅 힐〉, TED 등으로 학습을 했었다. 참고로 각각의 자료를 구입한 비용을 보면 다음과 같다.

### 〈카이유〉

- 시즌 1(25,000단어): 43,560원
- 시즌 2(43,000단어)+시즌5(56,000단어): 238,000원
- 시즌 3(26,000단어): 32,200원
- 시즌 4(40,000단어): 49,280원

그림 1-1 〈카이유〉 동영상 및 대본

## <모던 패밀리>

- 시즌 1(93,000단어): 9달러(아마존)

- 시즌 2(97,000단어): 8달러(아마존)

- 시즌 3(99,000단어): 10달러(아마존)

- 시즌 4(98,000단어): 8달러(아마존)

- 시즌 5(아직 대본 없음): 10달러(아마존)

- 시즌 6(아직 대본 없음): 8달러(아마존)

- 시즌 7(아직 대본 없음): 13달러(아마존)

- 시즌8(아직 대본 없음): 13달러(아마존)

- 시즌9(아직 대본 없음): 15달러(아마존)

그림 1-2 〈모던 패밀리〉 DVD-ROM

　아마존에서 직접 구매할 경우 한국까지 배송되는 데 8달러 정도의 배송비가 추가될 수 있으므로 한꺼번에 필요한 것을 모두 구입하는 것이 좋을 것 같다. 또는 여러 사람이 공동으로 구입하여 나누면 배송비용을 줄일 수 있다.

## <노팅 힐>

- 대본+DVD(16,000단어): 29,720원

**그림 1-3** 〈노팅 힐〉 대본, DVD-ROM

## TED

많은 강연의 한글과 영어 자막을 제공하고, 동영상도 다운로드받을 수 있다.

즉, TED로 학습하면 교재 구입 비용은 전혀 들지 않는다. 단지 이 책에서 제시하는 방법대로 대본을 출력하여 학습할 수 있는 자료를 정리하는 과정이 필요할 것으로 생각된다. 어느 정도 수준이 되는 사람은 바로 TED를 TENTER의 방법으로 학습해도 되겠지만 많은 경우 〈카이유〉 등을 통하여 TENTER의 방식을 익힌 후 TED[1]를 학습하는 것을 제안한다. 속도라든지 단어 등을 익히는 것이 힘들어 중도에 포기할 수도 있기 때문이다.


## 2) 유튜브에서 동영상 및 오디오 다운로드

유튜브에서는 엄청나게 많은 자료들을 다운로드할 수 있다. 실시간으로 다운로드받으면서 학습을 하여도 되지만 동영상이나 오디오 파일을 컴퓨터의 하드 디스크에 다운로드받아 놓은 다음 학습하는 것이 여러 면에서 효율적이라 생각한다.

유튜브 동영상 다운로드에 대한 것은 2장의 다섯 번째 챕터를 참고하기 바란다.

---

1    일반적으로 짧고 강력한 강연의 형태로 아이디어를 전파하는 데 전념하는 무소속의 비영리 단체이다 (https://www.ted.com).

# Chapter 2.

# 영어 대본

## 1) 대본 만들기

처음 책에서도 적었지만 대본을 만드는 방법에는 대략 다음과 같은 방법이 있다.

① 〈카이유〉 시즌 1을 포함하여 많은 영상의 대본을 인터넷에서 다운로드 받을 수 있다. 이 경우 대본을 다운로드받으면 대본을 TENTER 학습에 맞도록 편집하는 것이 필요하다.

② 한글로 번역된 〈카이유〉 동영상 및 대본을 옥션을 비롯한 온라인 마켓에서 구입할 수 있다. 위에서 대본을 다운로드받았다면 이것을 구입한 대본을 보면서 편집하는 것이 훨씬 편하다. 대본을 다운로드받지 못하였다면 대본을 보고 마이크로소프트 워드(Microsoft Word)나 한컴 오피스를 이용하여 입력을 해도 된다. 〈모던 패밀리〉, 〈노팅 힐〉, TED 등의 경우도 인터넷에 검색만 잘하면 얼마든지 좋은 자료를 다운로드할 수 있다.

## 2) 대본 초안

대본 초안은 한 사람이 말하는 것을 한 문단으로 하는 것을 원칙으로 한다.

다음은 이 책을 위하여 내가 만든 이야기이다. 어느 정도 실화도 포함되어 있지만 영어 학습법에 대한 설명을 위한 글이므로 실제와 다른 부분도 있다. 기존의 일반적인 대본들은 그림 1-4와 같이 말하는 사람과 말하는 내용으로 구성되어 있다.

| | |
|---|---|
| **Storyteller** | Kids, it's time for stories. |
| | Come and sit next to me. |
| | Today's story is about learning English. |
| **Tenter 1** | Wow. |
| **Storyteller** | Let me tell you the story of how I learned English. |
| | When I was a student, I started learning English in junior high school. |
| **Tenter 1** | Were you learn English from alphabet? |
| **Storyteller** | Yes. I learned my ABC's in the first grade of junior highschool. |
| | At that time, I thought students should start learning English from junior high school. |
| | I learned Chinese when I was in the sixth grade of elementary school. I always thought that it was very important to learn as a child. |
| **Tenter 1** | You might be a smart boy. |
| **Storyteller** | I grew up to be an adult. |
| | I worked for a big company, a foreign company, and at the age of 50, I started working for US Navy in Korea. |
| | However, it is not easy to listen to a native English speaker as a Korean who just studied the general curriculum at school. |
| **Tenter 1** | I heard that you only have one child. |
| **Storyteller** | Yes, ten years ago, my only daughter went to America to study. |
| | My daughter married an American and lives in the United States now. |

**그림 1-4** 기존의 일반적인 대본 형식

그러나 TENTER는 실제로 오디오 파일을 들으며 공부하는 식이기에 누가 말하는지 귀로 들어 알 수 있다. 따라서 대본에 말하는 사람을 표시할 필요가 없다. 말하는 사람이 바뀔 때마다 문단을 바꾸는 방식으로 대본을 구성하기만 하면 된다. 이 원칙에 따라 그림 1-4의 대본을 편집하면 그림 1-5와 같이 된다.

Kids, it's time for stories. Come and sit next to me. Today's story is about learning English.

Wow.

Let me tell you the story of how I learned English. When I was a student, I started learning English in junior high school.

Were you learn English from alphabet?

Yes. I learned my ABC's in the first grade of junior high school. At that time, I thought students should start learning English from junior high school. I learned Chinese when I was in the sixth grade of elementary school. I always thought that it was very important to learn as a child.

You might be a smart boy.

I grew up to be an adult. I worked for a big company, a foreign company, and at the age of 50, I started working for US Navy in Korea. However, it is not easy to listen to a native English speaker as a Korean who just studied the general curriculum at school.

I heard that you only have one child.

Yes, ten years ago, my only daughter went to America to study. My daughter married an American and lives in the United States now. A pretty granddaughter was born.

You must miss her very much.

I think so, too.

I was scared. When my granddaughter grows up, I won't understand what she says….

Then, what did you do?

So, I did my research. I was wondering if I could learn English like a native speaker. God, my savior, inspired me. The best way to learn a foreign language is to repeat after a native speaker. I researched how to speak a lot in English.

**그림 1-5** TENTER 타이핑 대본

**그림 1-6** 〈카이유〉 시즌 1 대본 65장(첫 장은 자작 스토리)

그림 1-6은 〈카이유〉 시즌 1을 학습한 후 모아 놓은 대본들이다. 한 에피소드가 한 페이지에 모두 포함되도록 하였다. 각 대본의 오른쪽 아래에 손으로 적어 놓은 것은 학습에 불필요한 부분들을 편집하여 잘라 낸 상태의 음성 파일의 길이를 나타낸다. 동그라미 안에 있는 숫자는 10회 녹음 시의 길이다.

# Chapter **3.**

# 하루에 일정 시간

나는 한국인 중에서는 직장 생활 중에 외국인(미국인)과 꽤 많은 의사소통을 하였던 축에 속한다. 대학 졸업 후 처음 일했던 직장에서는 일본어를 더 많이 사용했지만, 이후 미국계 회사의 한국 지사에서 근무하던 시절과 주한미군부대에서 근무한 시절을 합하면 약 15년 동안 미국인들과 문서를 주고받고 대화를 하며 일을 해 왔다.

하나뿐인 딸이 미국에 유학을 가면서부터는 미국에 갈 일도 많아졌고, 딸이 미국인과 결혼하고 손녀들이 태어나면서부터 영어는 나에게 꼭 필요한 언어가 되었다.

수차 적었지만『원어민식 영어 학습법』에 대하여 생각하기 전까지 영어는 한국인인 나에게는 너무나 익히기 어려운 언어로 생각되었다. 도리어 일본어는 말의 어순이 우리말과 비슷하기도 하였지만 듣는 데 문제가 없어 어느 정도 노력하면 자유로운 의사소통이 되겠다는 생각을 했었다.

우리말로 '발등에 불이 떨어졌다'는 말이 있는데, 첫 손녀의 출생은 나의 발등에 떨어진 불이었다. 막연한 일이 아니고 이제 영어를 못하면 아들딸보다도 더 사랑스럽다는 손자, 손녀와의 의사소통에 문제가 생길 것이 명확하였기 때문이다.

그래서 생각한 것이『원어민식 영어 학습법』이다. 아직 다 이룬 것은 아니지만 지금은 거의 7부 능선쯤은 올라와 있다는 느낌이다.

전에 잘 안 들리던 영어가 잘 들리고, 전에 영어로 말할 때는 항상 천천히 또박또박 얘기를 했었는데 이제는 쉬운 구문을 중심으로 원어민이 얘기하는 것과 동일한 속도로 말하는 것이 가능해졌다.

현재의 직장에 미국인들이 많이 있기 때문에 나의 의사소통에 대한 느낌은 현장에서 확실히 느낄 수 있다.

미군부대에 미국인이 많다고 영어가 잘되는 것은 아니다. 약 20년 전에 미국에 처음 간 적이 있었는데, 당시 미국 이민 온 지 10년이 된 사람이 영어를 듣고 말하는 것을 너무 힘들어하는 것을 본 적이 있다.

분명한 사실이지만, 주위의 사람이 영어를 잘한다고 자신도 영어를 잘하는 것은 아니다. 영어는 언어이고 사용하지 않으면 절대 잘되지 않는다.

영어로 말을 잘하려면, 짧은 시간이라도 좋으니 매일 영어로 말하기를 습관화하는 것이 너무나 중요하다. 이에 대한 대책이 '하루에 일정 시간 영어로 말하는 것'이다.

TENTER로 영어 학습을 진행하면 매일 적어도 하나 이상(〈카이유〉의 경우 약 3분 30초 분량. 〈노팅 힐〉이나 〈모던 패밀리〉 등의 영화나 드라마 같은 경우에는 1분 30초에서 2분 정도를 하나의 대본으로 만들어 연습하는 것이 좋을 것 같다) 연습한 후 녹음하는 것을 습관화할 필요가 있다.

어떤 특별한 사정이 있어 도저히 영어를 학습할 상황이 안 된다면 약 1시간 이상 영어로 듣기를 해도 된다. 다만 짧은 기간 동안 예외로 하는 것이고, 가능하면 하루 하나 이상을 연습한 후 녹음하는 것을 개인의 목표로 삼기 바란다.

# Chapter 4.

# 따라 하기

TENTER의 영어 학습 방법은 원어민의 말하기를 따라 하는 것이다. 단지 따라 하기만을 해도 되지만, 녹음과 같은 방법이 아니면 학습한 것에 대한 확인이 힘들다. 이 책에서 TENTER 교사 자격증에 대한 것도 적었지만 개별적으로 학습을 한 경우 이를 확인하기가 쉽지 않다. TENTER 교사 자격을 확인하기 위하여 TENTER로 학습한 녹음 파일을 요청할 것이다.

향후 학생들을 대상으로 영어 말하기 대회를 열거나 장학금을 수여하는 것도 생각하고 있다. 이때도 TENTER 방식으로 학습하면서 녹음한 파일들이 좋은 자료가 될 것이다.

나중에 영어로 말을 잘하게 된 후, 나의 영어 학습을 돌아볼 수 있는 귀중한 추억을 위한 기록이 될 수도 있다.

섀도잉(Shadowing)이라는 외국어 학습법이 있지만, 이것은 짧은 문장 연습에 적합한 것일 뿐 애니메이션이나 영화, 드라마 등과 같이 많고 긴 대화를 연습하기에는 부적합한 것 같다.

『원어민식 영어 학습법』이나 이 책에서 소개한 방법대로 영어를 따라 말하다 보면 어느덧 원어민과 비슷한 속도로 말을 하고 있는 자신을 발견할 수 있고, 짧은 문장이라도 몇 문장 영어로 말하기 시작할 무렵 영어 듣기는 훨씬 더 잘되는 것을 경험할 수 있을 것이다.

영어는 눈으로, 머리로 할 것이 아니라 입으로 익히는 것이 무엇보다 중요하다.

어린아이가 언어를 익히는 것을 주의해서 보면 '원어민식 영어 학습법'에 대하여 이해하기가 쉬울 것이다. 말을 하려면 들어야 되는데, 듣고 말하다(따라 하기) 보면 이 말들이 머리로 생각하기 이전에 입에서 튀어나오는 것을 경험하게 될 것이다.

많이 연습한 문장을 변경하여 연습하려면 어느 정도 노력이 필요할 경우가 있다. 예를 들면, "What's the matter?"(무슨 일이야?)이라는 말은 많이 들어 보았을 것이다. 〈카이유〉 110² 'Caillou's Friends'에 나오는 "Whatever's the matter, Caillou?"(카이유, 무슨 일 있어?)는 자주 접하는 말은 아닐 것이다. 앞의 것은 입에 익었는데, 뒤의 것을 연습하려면 조금 노력을 하여야 한다. "Hide and seek"라는 말은 많이 들어 볼 수 있지만 〈카이유〉 102 'Caillou Isn't Afraid Anymore'에 나오는 "I love playing hide and go seek"처럼 "Hide and go seek"란 것은 자주 쓰지 않는다. 이런 것들은 새로운 용어이기 때문에 조금 더 노력을 하여야 한다.

---

2  '시즌 1, 에피소드 10'의 숫자를 붙여 '110'으로 표기한다.

Chapter **5.**

# 녹음하기

이 책의 많은 부분에 대본을 보면서 연습한 것을 녹음하는 것에 대하여 적었다. 앞에서도 적었지만 영어를 말로만 따라하여서는 동기 부여가 잘 되지 않는다. 계단을 하나씩 올라가듯이 한 에피소드를 학습하고 나면 녹음을 하고, 그리고 다음 에피소드를 학습하고, 이렇게 반복해 나가다 보면 어느덧 영어가 들리고 말이 되는 것을 경험할 수 있다.

밀가루를 뭉쳐서 약이라고 주면 밀가루 뭉치를 먹은 30% 정도의 사람은 가짜 약을 먹었지만 약의 효과를 기대할 수 있다고 한다. 이것은 물론 전혀 효과가 없는 약을 주고, 그 말만 믿고 효과를 얻는 경우이다. 실제로 영어로 말하고 녹음하기를 반복하면 영어의 듣기, 말하기 실력이 향상되게 되는데, 이것을 다른 사람이 듣고 또 따라하면 동일한 효과를 기대할 수 있을 것이다.

적어도 TENTER 교사라면 자신만의 녹음 자료를 가지고 학생들을 설득할 수 있어야 할 것이다.

그림 1-7은 2018년 8월 11일에 끝낸 〈카이유〉 시즌 5의 마지막 녹음 파일까지를 포함한 파일 폴더의 구조를 나타낸다. 음성 파일 이름 5263은 〈카이유〉 시즌 5의 26번째 방송된 애니메이션(약 21분 분량)의 3번째 에피소드(원래의 길이 약 7분)

를 의미한다. 현재 〈카이유〉 시즌 1에서 학습하고 있는 것과 같이 이때도 말이 없는 부분 등을 편집한 음성 파일을 이용해 녹음을 하였다. 녹음 파일의 길이는 약 1시간이었다.

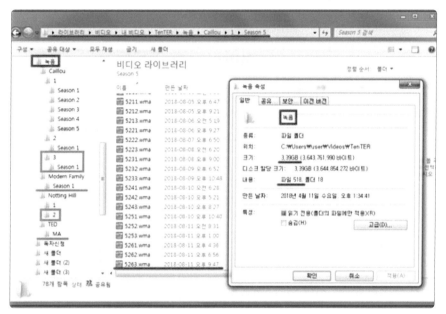

**그림 1-7** 녹음 파일

현재 〈카이유〉 시즌 1을 3번째 녹음하고 있는 중이다. 2018년 3월 29일 이전에 녹음한 것은 포함하지 않았다. 〈모던 패밀리〉는 시즌 1의 에피소드 1을 한 번 끝낸 상태이다. 〈노팅 힐〉은 전체 한 번을 끝내고 두 번째 녹음을 하고 있는 중이다. TED는 MA(Marco Alvera의 강연)를 두 번 끝냈다. 여기에 저장된 총 파일은 518개이고 3.4GB이다. 약 7개월간 녹음한 것이다.

현재 앞에 적은 바와 같이 〈카이유〉를 3번째 녹음하고 있는데 2번 정도 더 해서 5번을 완료하고, 〈카이유〉 시즌 2로 넘어갈 계획이다. 같이 병행해서 하고 있는 〈노팅 힐〉은 현재 두 번째인데, 이것도 5회까지 하고 〈모던 패밀리〉 시즌 1을 녹음할 계획이다.

나는 개인적으로 믹스 너트를 좋아하는데 미국에 출장 갈 일이 있거나 방문할 일이 있으면 다양한 너트를 구입해 온다. 여러 가지를 내가 직접 섞어서 수시로 먹기도 한다. 현재 녹음하고 있는 것과 같이 〈카이유〉와 〈노팅 힐〉 또는 〈카이유〉와 〈모던 패밀리〉를 병행해서 학습하는 것도 재미있는 것 같다. 가능한 재미있게 학습하려고 노력하고 있다. 학습하는 것이 힘들다고 생각되는 순간 '원어민식 영어 학습법'이 힘들어질 것이라고 생각해서이다. 우리가 모국에서 살아가면서도 말하기가 싫어지면 모국어라도 점점 유창하게 말하기가 힘들어질 것이다.

가능한 말을 많이 하고, 가능한 재미있게 학습하는 것이 현재 나의 영어 학습 전략이다.

$C$hapter **6.**

# TENTER 교사 자격증

TENTER 교사 자격증 제도(민간 자격)를 시행할 예정이다. TENTER 교사 자격증은 정부 공인 자격증은 아니지만 TENTER를 처음 시작하고 『원어민식 영어 학습법』을 낸 사람으로서 내가 발급하는 자격증이다.

미군 부대에서 교육(Training)을 받으면 자격증(Certificate)을 주는데, Cetificate이 한글로는 '자격증'으로 번역이 되기도 하고, '증명서'로 번역이 되기도 한다.

한국과 미국의 문화적인 차이가 많이 있으니 용어 사용에도 차이는 있을 것이다. 자격증을 주든지, Certificate을 주든지, 어찌 됐든 TENTER 책(『원어민식 영어 학습법』)에서 제시한 내용에 따라 학습을 완료한 사람에게는 줄 것이다.

처음에는 좀 쉽게 시작할 것이다. 그러나 점점 지원하는 사람이 많아지고, TENTER가 많이 알려지게 되면 처음보다는 자격증을 취득하기가 어려워지게 될 것으로 생각된다. 유효한 자격을 가진 TENTER 교사에 대한 정보는 TENTER 카페나 홈페이지 등에 공지되고, 수시로 자격 요건을 확인하여 수정해 나갈 것이다.

## 1) 학력

TENTER 교사 자격증 신청하려면 현재 대한민국 중학교 졸업 이상자라야 한다. 검정고시 합격자도 포함한다. 학력에 대한 자격 요건은 변경될 수 있다.

## 2) 나이

교사의 나이는 만 20세 이상으로 할 것이다. 20세 이하의 나이에도 충분히 자격을 가진 사람이 있을 수 있겠지만 관리 차원에서 20세 이상으로 제한을 할 계획이다.

## 3) 경력

TENTER로 성실하게 학습을 한 경력이 필요하다. 〈카이유〉 시즌 1의 65개 에피소드를 모두 학습하고 녹음자료를 DVD-ROM 또는 USB 드라이버 형태로 제출하여야 한다. 제출한 자료는 반환되지 않는다. 녹음의 날짜는 TENTER 카페의 출석부 자료와 일치하여야 한다. 경력에 대한 자격 요건은 변경될 수 있다.

## 4) 면접

학력과 경력에 의하여 서류전형에 합격한 자에 한하여 면접을 실시한다. TENTER로써 학습한 소감이나 교사로서의 활동 계획 등이 면접의 주요 고려 대상이다. 이 책에서 소개한 내용에 대한 이해 등이 면접시험을 통하여 확인될 수도 있다.

## 5) 합격자 발표

합격자는 휴대폰 또는 이메일로 개별 통보하며, TENTER 카페에도 공지한다. 합격자에게는 소정의 TENTER 교사 자격증이 주어진다.

## 6) 자격증 유효기간

TENTER 교사 자격증의 유효기간은 2년이다. TENTER 교사로서 활동한 경력이나, TENTER로 학습한 내용이 자격 연장의 주요 고려 대상이 될 것이다. 자격 연장을 위하여 별도의 보수 교육을 실시할 수 있다. 자격 연장에 대한 내용은 변경될 수도 있으며 별도로 공지한다.

## 7) 교사 정보 교류

TENTER 교사 간의 정보 교류를 위하여 교사들은 주기적으로 만나게 될 것이다. 시대의 흐름인 영어 공용어화의 선봉에 서서 나, 나의 가족, 나의 이웃이 먼저 원어민 수준의 실력을 가질 수 있도록 서로 돕고, 도움을 받는 정보 교류의 장을 가질 것이다.

# Chapter **7.**

# 하나님의 도우심

## 1) 하나님의 방법

내가 이해하고 있는 하나님은 자상한 부모님 같으시면서, 직접 음성으로 말씀은 하지 않으시고, 어떨 때는 우연이라는 이름으로, 또는 기적이라는 이름으로 다가오신다.

나의 어머니는 꿈에 하나님의 음성을 들으셨다고 하셨다. 꿈에 큰 소리로 어머니의 어릴 때 이름(아명)을 부르셨다고 한다. 그래서 어머니는 "내 어렸을 때 이름을 아는 사람이 없는데… 내 이름을 부르시다니 그분은 하나님이신 게 분명하다"라고 말씀하시곤 하셨다. 어머니는 1919년[3]생이시다. 지금은 하늘나라에 가 계시지만 어머니께서 하신 말씀은 아직도 귀에 쟁쟁하다.

아내는 36년 넘게 한 직장에 근무했는데 그곳을 그만두고 미국에 살고 있는 딸이 둘째 딸을 낳을 때 도와주러 갔었다. 출산 예정일이 6월 말에서 7월 초였는데 4월에 직장을 사직하였다. 그때 아내는 평생 직장생활을 해서 아이 보는 일을 잘 모르기에 각종 서적 등을 통하여 아이 돌보는 방법에 대하여 공부를 하였다고 한

---

3  일제 강점기 때 3·1 기미년 독립 선언을 하던 해.

다. 2달여 공부를 한 다음 6월 말에 미국 딸네 집으로 갔었다.

딸이 첫째 아이를 낳고는 꽤 많은 어려움이 있었다고 들었다. 한국과 미국은 문화적인 차이가 많은데, 한국에서는 산후조리가 일반적인데 비하여 미국에서는 그런 것이 거의 없다는 것이었다. 미국에서는 아이를 낳고 바로 외출도 하고, 갓난아이도 태어난 지 얼마 안 되어 밖으로 데리고 다닌다고 하였다.

아내는 책에서 읽고 아는 대로 딸의 산후조리를 해 주었다. 무엇보다도 기적적인 것은 임신 때 늘었던 체중을 임신 전의 체중으로 돌리려는 딸의 희망이 아내의 도움으로 너무나 성공적으로 이루어졌다는 것이다. 나중에 들으니, 아내가 미국에 있던 2달 반 동안 딸은 체중을 23kg나 줄였다고 한다. 한국에서처럼 일반적인 미역국을 매일 끓여 먹고, 각종 음식을 조절했던 것이다. 아내도 이 정도로 효과가 있을 것이라고는 생각지 못했었는데 정말 기적적으로 체중을 줄일 수 있었다고 한다. 나는 이것이 하나님께서 우연처럼 보이는 기적으로 우리 가족에게 은혜를 주신 것이라고 믿고 있다.

2018년 9월 28일 인도네시아에서 있었던 지진으로 많은 사람이 희생되었다. 그중에 지진이 일어났던 지역에서 마지막으로 비행장을 이륙했던 비행기는 예정 시간보다 약 3분 정도 빨리 이륙을 하였었는데, 만약 실제 이륙 시간보다 30초만 늦게 이륙을 했더라도 지진으로 인한 희생자가 될 뻔하였다고 한다. 그런데 이 비행기의 기장은 알 수 없는 영감으로 비행기를 서둘러 이륙시켰고 그는 크리스천이었다. 그는 그것이 하나님께서 일러 주신 것이라고 하였다고 한다.

이 기사를 인터넷으로 보고 가족끼리 카카오 톡으로 공유를 하였었는데, 이 기사와 같이 있던 다른 기사에서 아내는 칼슘의 중요성에 대하여 알게 되었다. 그래서 칼슘이 건강에 미치는 영향에 대하여 집중적으로 검색을 하였고, 미역에 칼슘이 많다는 것도 알게 되었다. 나중에 여러 자료를 종합해 보니, 미역은 산모에게뿐만 아니라 모든 사람에게 좋은 음식이라는 것을 알게 되었다. 현재 우리 집에서는 미역을 가능하면 많이 먹으려 노력하고 있다.

　나중에 알게 된 미역의 중요성을 알지도 못한 상황에서 아내는 딸에게 미역 먹기를 권하였고 엄마의 제안을 받아들여 착실히 산후조리를 했던 딸은 기적적으로 체중을 23㎏ 감량할 수 있었다. 이는 마치 무슨 이유인지는 모르지만 가능한 빨리 비행기를 이륙시키려고 하였던 비행사의 이야기와 많이 닮은 것 같았다.

　우리는 세상을 살아가면서 모든 것을 다 이해하지 못하면서도 많은 결정을 하며 살아간다. 하나님을 믿으면 우연인 것같이, 기적인 것같이 도우시는 하나님의 은혜를 경험할 수 있다.

　이런 일들이 아주 드물게 일어나면 그것을 우연이라고, 기적이라고 하겠지만, 종종 또는 자주 일어난다면 이것은 우연도 아니고 기적도 아닐 것이다. 나는 이것이 우리를 만드시고 우리의 모든 것을 아시는 하나님의 돌보심이라고 생각한다.

# Part 02

# 소프트웨어

abcdefghijklmnopqrstuvwxyz

Chapter **1.**

# 골드웨이브(GoldWave)

## 1) 설치하기

골드웨이브(GoldWave)는 유료 음성 관련 소프트웨어이다. 홈페이지(www.gold-wave.com)에서 무료로 다운로드받아 라이선스를 구입하기 전까지는 평가용을 제한적인 상태로 사용이 가능하다.

다운로드(Download)를 클릭하여 안내에 따라 설치하면 된다. 인터넷의 검색창에서 '골드웨이브' 또는 'GoldWave'로 검색하면 골드웨이브 설치를 포함한 여러 가지 유용한 정보를 얻을 수 있다.

위 홈페이지에서 볼 수 있는 것과 같이 2018년 10월 현재 라이선스 구입 비용은 45달러이다. 한국의 소프트웨어 유통 전문 기업인 코리안소프트(KoreanSoft)를 통해서도 라이선스를 구입할 수 있는데 개인용으로 사용할 경우 이 책을 쓰는 현 시점의 가격이 68,000원이다. 신용카드로 위 사이트에서 라이선스를 구입해도 되고, 코리안소프트 홈페이지(http://www.koreansoft.com/shop/shop_detail.asp?idx=276)에서 68,000원을 주고 구입하여도 된다.

## 2) 사용 설명

위에서 다운로드받은 골드웨이브를 설치한 후 'GoldWave' 폴더의 하위 폴더에 있는 영문 매뉴얼[4]을 참고한다. 마이크로소프트 워드로 해당 파일을 연 후 페이지를 확인하면 232페이지가 될 정도로 상당히 긴 매뉴얼이다. 이 책에서는 TENTER의 방식으로 영어를 학습하기 위한 부분만을 다루기로 한다.

기본적인 설명에 대한 블로그나 동영상 자료는 네이버나 유튜브 등에서 검색하면 많이 얻을 수 있다. 이 책에서 다루지 않은 부분에 대해서는 인터넷을 통한 검색으로 필요한 정보를 얻거나, 『원어민식 영어 학습법』의 공식 네이버 카페(https://cafe.naver.com/tenter7)을 통해 질문하거나, 카페 글을 참고하면 될 것이다.

---

4    C:₩Program Files₩GoldWave₩Help₩GoldWaveManual.html

## 3) 매뉴얼

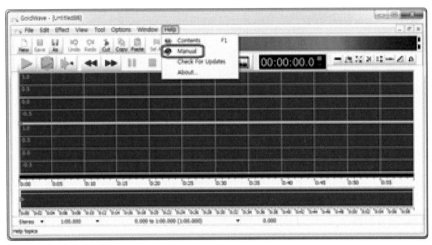

**그림 2-1** 골드웨이브 매뉴얼

① 메뉴 중 'Help'를 클릭한 다음 두 번째 줄에 있는 'Manual'을 클릭한다.

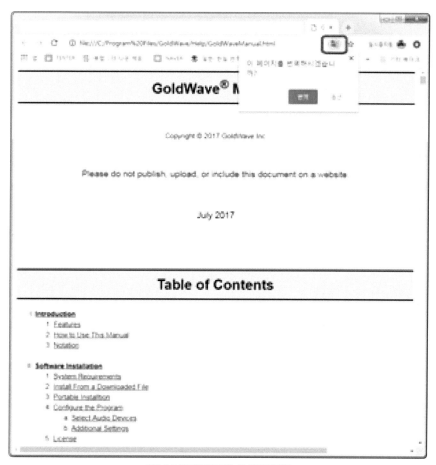

**그림 2-2** 골드웨이브 매뉴얼 한글로 번역

② 구글 크롬 브라우저를 통하여 위 파일을 열면 자동으로 '이 페이지를 번역하시겠습니까?'라는 대화창이 열린다. 그렇지 않다면 표시한 마크를 클릭하여 열린 영문 매뉴얼을 한글 버전으로 번역할 수 있다. 번역을 실행할 경우 한꺼번에 번역이 되지 않고 한 페이지 단위로 번역된다. 전체가 번역이 되기 전에 해당 내용을 선택하여 저장하면 화면상 번역이 완료된 것들은 번역된 상태

로 저장이 되지만, 번역이 안 된 부분은 영문 그대로 남아 있었다. 위에서부터 한 페이지씩 키보드의 'Page Down' 키를 눌러 마지막까지 번역을 완료한 다음 저장하면 한글로 된 매뉴얼을 얻을 수 있다. 구글에서 기계적으로 번역한 것이기 때문에 번역 품질을 크게 기대할 수 없지만 모르는 단어가 많아 사전을 찾아야 할 경우라면 도움이 될 것으로 생각한다. 필요할 경우 영문 매뉴얼과 한글 매뉴얼을 동시에 열어 두고 참고하면 더욱 이해가 빠를 것이다.

③ 번역된 매뉴얼을 여러 가지 확장자로 저장을 할 수 있겠지만 원래의 영문 매뉴얼과 같이 htm 또는 html으로 저장하는 것이 활용하기 편할 것 같다. 번역된 내용을 'Ctrl+A'를 눌러 전체를 선택한 다음 마이크로소프트 워드나 아래 한글을 사용하여 붙여넣는다. '다른 이름으로 저장' 명령을 통하여 '웹 페이지 형식(*.htm, *.html)으로 저장한다.

## 4) 툴 바(Tool Bar)

TENTER 자료를 작성하면서 가장 많이 사용되는 툴 중 하나가 'Save As'이다. 그런데 이 툴은 편집을 통하여 화면에 나타나게 할 수는 있지만 처음 기본 설치 시에는 나타나 있지 않다.

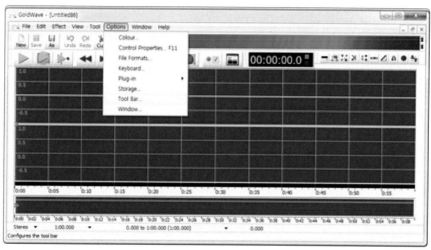

**그림 2-3** Save As Tool

① 그림에서 'Option'을 클릭한 후 다시 'Tool Bar'를 클릭한다.

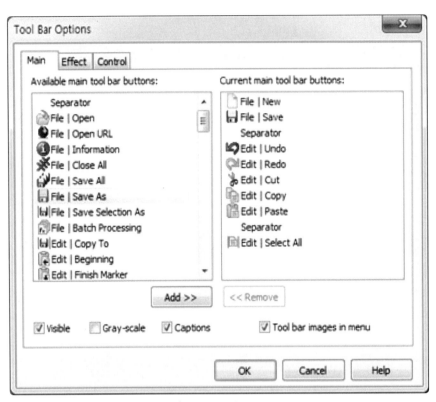

**그림 2-4** Tool Bar Options 1

② 위와 같이 'Tool Bar Options' 대화상자가 열리면 'File'-'Save As'를 선택한 후
'Add >>'를 클릭하여 선택된 툴을 오른쪽 창으로 이동시킨다.

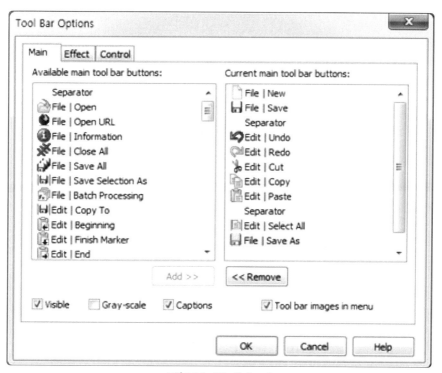

**그림 2-5** Tool Bar Options 2

③ 오른쪽 창으로 옮겨진 툴은 가장 밑에 위치하게 되지만 해당 툴을 클릭한 채로 위치를 변경할 수 있다. 'File|Save As'는 File에 속한 툴이므로 위쪽으로 이동시켜 세 번째 위치로 변경하는 것이 좋을 것 같다.

## 5) 화면 색상

　노트북 컴퓨터나 모니터의 기본 밝기로 골드웨이브를 사용할 시에는 기본값(Default)으로 설정된 색상을 사용해도 문제가 없을 것으로 생각된다.

　그러나 장시간 화면을 보면서 작업을 할 경우에는 화면의 밝기를 최대한 어둡게 한 상태에서 작업하는 것이 시력 보호에 좋을 것 같다. 그런데 이렇게 화면의 밝기를 조정하면 골드웨이브의 기본 색상이 작업하기에 불편하게 된다.

　그래서 화면의 색상을 조정하여 사용하게 되는데, 아래와 같은 방법으로 색상을 바꿀 수 있으며 개인의 선택에 따라 조금씩 차이가 있을 수도 있을 것으로 생각한다.

## (1) 노트북 컴퓨터 화면 밝기 조정

현재 내가 사용하고 있는 노트북 컴퓨터는 삼성 노트북 컴퓨터(윈도우 7)이다.

**그림 2-6** 컴퓨터 화면 밝기 조정 - 제어판

① 컴퓨터 화면 왼쪽 아래에 있는 윈도우 마크를 클릭한 후 오른쪽 중간 정도에
있는 '제어판'을 클릭한다.

**그림 2-7** 제어판 - 전원 옵션

② 제어판의 '전원 옵션'을 선택한다.

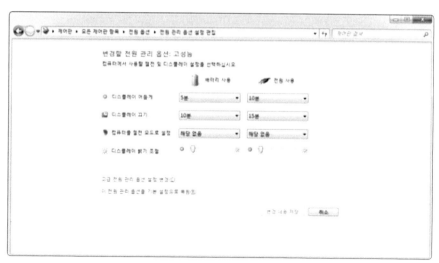

**그림 2-8** 전원 관리 옵션 설정 편집

③ 현재 사용하고 있는 옵션은 '고성능'인데 '설정 변경'을 클릭한다.

그림과 같이 조정하면 장시간 사용할 때도 별 무리가 없다. 전에는 노트북 기본 해상도 '1600×900'을 사용하였는데 여러 가지로 불편한 점이 많았다. 그래서 노트북 컴퓨터는 사용하면서도 모니터를 하나 추가하였다. 25인치 모니터를 구입하여 사용하고 있는데 기본 해상도가 '1920×1080'이다. 노트북 컴퓨터의 화면을 이용하는 것보다 1.44배 정도의 높은 해상도이다.

모니터를 추가한 다음에는 모니터의 밝기 조정에서 밝기, 명암, 블랙균형을 모두 20으로 조정하면 무난하게 사용할 수 있을 것으로 생각된다.

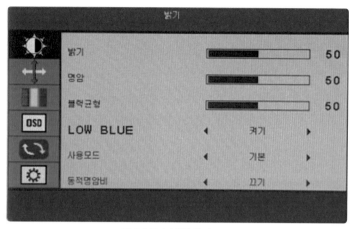
그림 2-9 모니터 화면 밝기(조정 전)

**그림 2-10** 모니터 화면 밝기(조정 후)

모니터의 밝기 조정은 모니터 메이커마다 다르니 구입 시 제공되는 매뉴얼을 참
고하기 바란다.

## (2) 골드웨이브 색상 조정

- 기본 색상

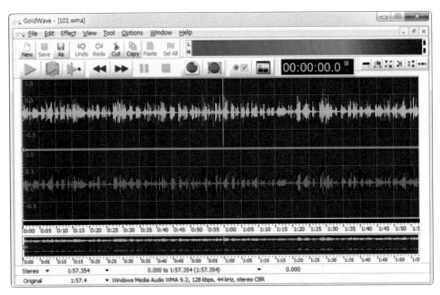

**그림 2-11** 골드웨이브 기본 색상(샘플 오디오 파일)

① 샘플 오디오 파일을 위와 같이 열었다.

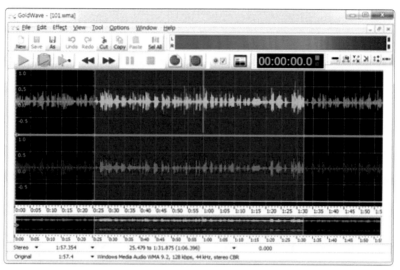

**그림 2-12** 샘플 오디오 파일(일부 선택)

② 화면의 일부분을 선택하면(마우스로 드래그하여 선택, 다른 방법은 매뉴얼이나 다
른 부분 참조) 선택된 부분은 밝게 표시되어 문제가 없으나 선택되지 않은 부
분은 화면의 밝기를 어둡게 해 둔 상태로는 확인하기가 쉽지 않다.

- 추천 색상

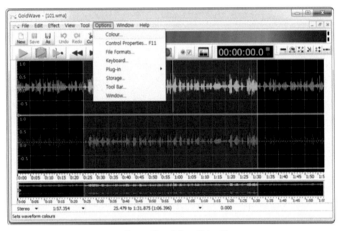

**그림 2-13** 골드웨이브 색상 조정

① 'Options'의 'Colour(Color)'를 선택한다.

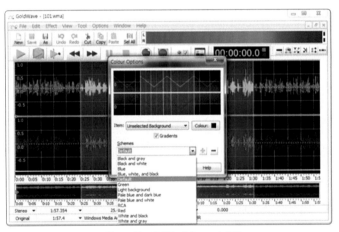

**그림 2-14** 골드웨이브 기본(Default) 색상

② 'Schemes(제공된 화면 구성)'를 'Default(기본)'를 포함하여 13개의 화면 구성으로 선택할 수 있다.

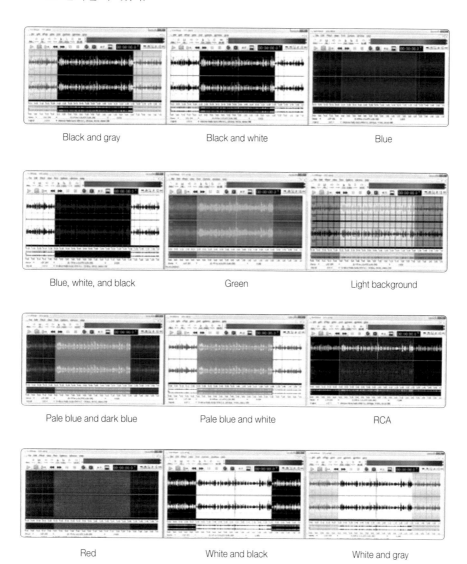

Black and gray    Black and white    Blue

Blue, white, and black    Green    Light background

Pale blue and dark blue    Pale blue and white    RCA

Red    White and black    White and gray

**그림 2-15** 기본 제공되는 화면 구성 12개

기본값으로 두거나 위의 12개 골드웨이브 제공 화면 구성에서 하나를 고를 수도 있고, 다음과 같이 14개의 아이템을 각각 선택하여 자신만의 화면으로 구성할 수도 있다. 내가 사용하고 있는 화면 구성은 다음과 같다.

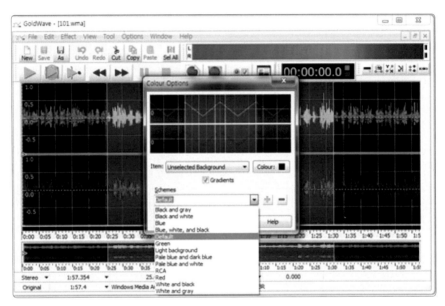

**그림 2-16** 추천 화면 구성

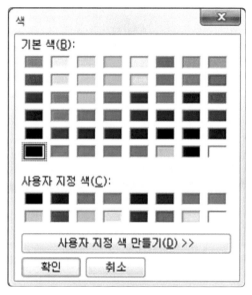
**그림 2-17** 화면 구성을 위한 색상표

사용자 지정 색을 만들어 사용할 수도 있지만 나는 기본 색에서 선택하였다.
편의상 아래의 테이블의 색으로 각각의 선택한 것을 표시한다.

| 1 | 2 | 3 | 4 | 5 | 6 | 7 | 8 |
|---|---|---|---|---|---|---|---|
| 9 | 10 | 11 | 12 | 13 | 14 | 15 | 16 |
| 17 | 18 | 19 | 20 | 21 | 22 | 23 | 24 |
| 25 | 26 | 27 | 28 | 29 | 30 | 31 | 32 |
| 33 | 34 | 35 | 36 | 37 | 38 | 39 | 40 |
| 41 | 42 | 43 | 44 | 45 | 46 | 47 | 48 |
| 49 | 50 | 51 | 52 | 53 | 54 | 55 | 56 |

**그림 2-18** 화면 구성을 위한 색상 번호

- Unselected Background: 49

- Selected Background: 21

- Unselected Left: 19

- Selected Left: 2

- Unselected Right: 19

- Selected Right: 16

- Marker: 13

- Play Position: 56

- Record Position: 10

- Axes Grid: 54

- Grid Numbers: 54

- Direct Edit: 16

- Cue Point Lines: 26

- Custom Grid: 56

앞에서 설정한 화면 구성을 적용하면 다음과 같이 된다.

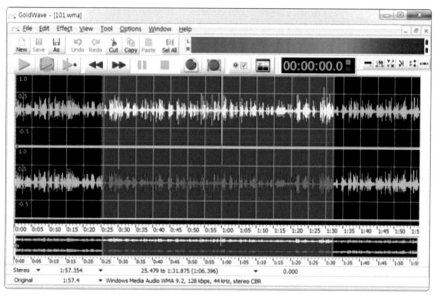

**그림 2-19** 골드웨이브 추천 화면 구성

이 화면 구성의 특징은 선택한 것과 선택하지 않은 것이 뚜렷하게 나타나면서 전체적인 상황을 이해하기에 편리하다는 것이다.

## (3) 동영상 편집

예로, 〈카이유〉 동영상 시즌 1, 에피소드 1을 편집해 보겠다.

① 파일탐색기에서 해당 파일을 골드웨이브로 끌어다 넣는다.

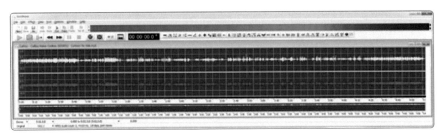

**그림 2-20** 파일 열기 - 끌어다 넣기

② 그림 2-20과 같은 화면이 열린다. 오디오 파일의 길이가 5분 2초이다. 화면 오른쪽 위의 '최대화'를 클릭하면 그림 2-21과 같이 된다.

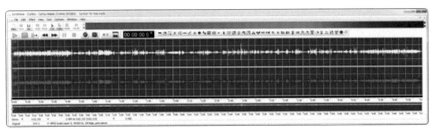

**그림 2-21** 화면 최대화

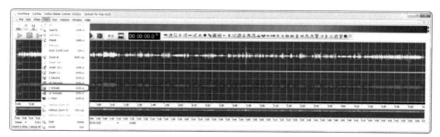

그림 2-22 View 조정

③ 메뉴의 'View'에서 그림 2-22와 같이 된 상태에서 '1 Minute'를 클릭하거나 키
보드에서 'Shift+4'를 누르면 수평축 크기가 1분으로 조정되고 〈카이유〉 시
즌 1의 경우 모든 에피소드에서 반복되는 부분을 선택하면 그림 2-23과 같
이 된다.

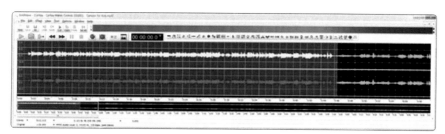

그림 2-23 〈카이유〉 시즌 1의 모든 에피소드에 나오는 앞부분 선택

화면의 해상도에 따라 다르게 나타나지만, 현재 내가 사용하고 있는 컴퓨터
의 해상도(1920×1080)에서는 그림 2-23과 같이 나타난다.

현재의 해상도에서는 왼쪽 아래 부분의 큰 화면에 표시된 시간 표시를 보면
'0:00', '0:02' 등과 같이 표시되어 있다. 콜론(:) 앞의 숫자는 분을, 뒤의 숫자
는 초를 의미한다. '0:00'과 '0:02' 사이가 10개의 눈금으로 나뉘어 있는데 한

눈금은 0.2초를 의미한다.

화면을 보면서 편집하기가 쉽게 되어 있다.

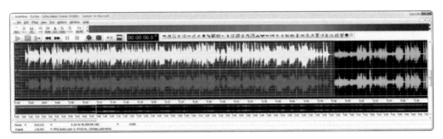

**그림 2-24** 수직 방향으로 늘리기

④ 메뉴의 'View'에서 'Vertical Zoom In'을 몇 번 누르거나 그냥 화면에서 'Ctrl+Up(키보드의 ▲ 키)'를 몇 번 누르면 그림 2-24와 같이 된다.

〈카이유〉 동영상의 시즌 1 에피소드 1의 경우, 처음 듣는 사람들에겐 위의 좌측과 같이 선택된 부분도 들을 필요가 있겠지만, 수십 번을 듣고자 하는 영어 학습자에겐 이것이 불필요할 것으로 생각된다. 마우스로 드래그하여 그림과 같이 선택한 후 키보드의 'Delete'를 클릭하면 이 부분이 없어진다.

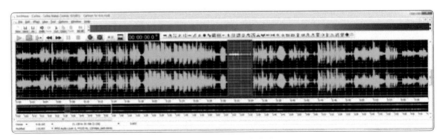

**그림 2-25** 무음 구간 선택 및 삭제 1

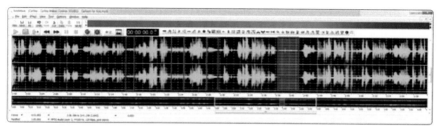

**그림 2-26** 무음 구간 선택 및 삭제 2

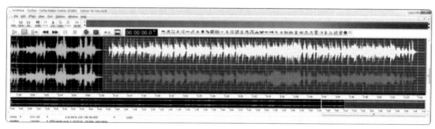

**그림 2-27** 무음 구간 선택 및 삭제 3

⑤ 계속하여 소리가 없는 구간을 삭제한다.

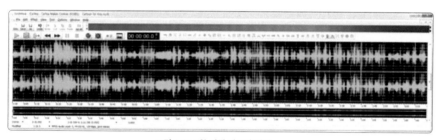

**그림 2-28** 1차 편집 완료된 화면

⑥ 처음에 5분 2초였던 오디오 파일의 길이가 3분 10초 정도로 줄어든 것을 볼 수 있다.

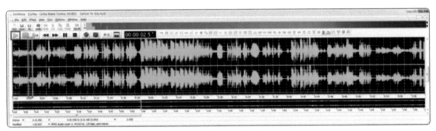

**그림 2-29** 'Shift+4'를 눌러 수평으로 늘린 상태

⑦ 세 개의 플레이 버튼 중 가장 왼쪽 버튼(Plays using button 1 settings)을 클릭하거나 키보드의 F2 키를 누르면 오디오 파일이 처음부터 플레이된다. 그림 2-29의 파란색 표시는 현재 플레이 진행 상태를 나타낸다.

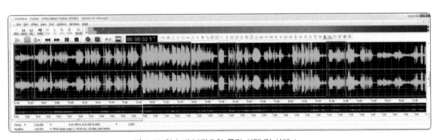

**그림 2-30** 학습에 불필요한 구간 선택 및 삭제 1

F2를 눌러 전체를 듣거나 드래그로 구간을 지정하여 들음으로써 영어 학습에 도움이 되지 않는 부분들을 확인하여 삭제한다. 시끄러운 소리이거나, 잡음 등 학습에 도움이 되지 않는다고 판단되는 부분을 확인하여 삭제한다.

처음에 익숙해질 때까지는 조금 느리게 진행될 수도 있지만 몇 개의 에피소드에 대한 오디오 파일을 편집하다 보면 〈카이유〉 시즌 1을 기준으로 볼 때 한 에피소드당 약 10~20분 정도면 이 모든 편집 작업을 끝낼 수 있다.

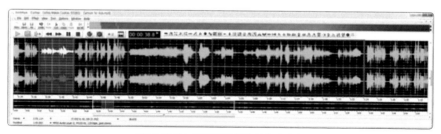

**그림 2-31** 학습에 불필요한 구간 선택 및 삭제 2

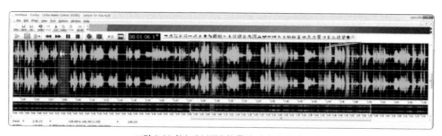

**그림 2-32** 학습에 불필요한 구간 선택 및 삭제 3

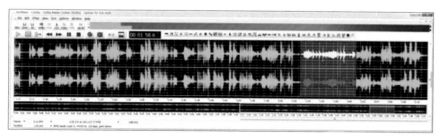

**그림 2-33** 학습에 불필요한 구간 선택 및 삭제 4

⑧ 계속하여 끝까지 편집 작업을 끝낸다. 길이가 2분 3초로 줄어들었다.

## (4) 연습용 짧은 오디오 파일 만들기

혼자서 영어 학습을 할 경우에는 이 과정을 권하지 않는다. 그러나 5명이나 10 명 이상 소그룹으로 같이 영어 학습을 할 경우에는 모든 사람이 골드웨이브를 구 입하여 학습하는 것보다는 연습용 짧은 오디오 파일을 만들어 활용하는 것이 바 람직할 것으로 생각된다.

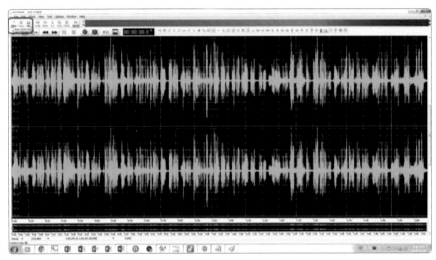

**그림 2-34** 새 음성 파일 만들기 준비 완료된 상태

① 왼쪽 위의 [New]를 클릭한다.

**그림 2-35** 새 음성 파일 대화 상자

② 'New Sound' 창이 열린다. 'OK'를 눌러 새 창을 연다.

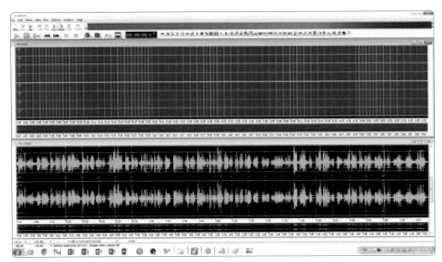

**그림 2-36** 새 음성 파일 열기

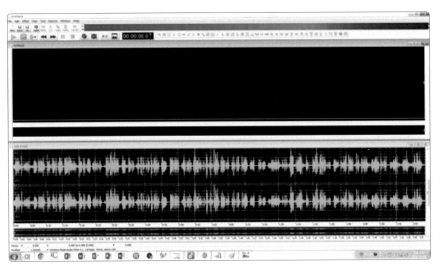

**그림 2-37** 새 음성 파일의 내용 삭제 후

③ 키보드의 'Delete'를 클릭하면 기본 1시간 길이로 열린 빈 파일의 내용이 삭
　제된다.

④ 마우스를 아래 화면으로 옮겨 그림 2-38과 같이 앞부분을 선택한다. 마우스를 화면의 아래 부분으로 옮긴 후 마우스의 휠을 돌리면 구간의 범위가 변하는 것을 확인할 수 있을 것이다. 이 때, 마우스의 위치에 따라 마우스 포인트를 중심으로 범위가 확대되거나 축소된다. 그림 2-38과 같이 왼쪽 부분을 확대할 경우 마우스를 왼쪽 끝 부분에 위치시킨 후 마우스 휠을 돌려 범위를 조정하는 것이 중요하다. 그러나 위치가 조금 벗어나 왼쪽 끝이 안 보일 경우에는 키보드의 왼쪽 키(◀) 또는 오른쪽 키(▶)를 눌러 범위를 조정하거나 가장 아래에 위치한 슬라이드를 마우스로 클릭한 채로 옮겨도 된다.

이 때, 선택한 부분이 한 문장 또는 적절한 선택인지 확인하려면 두 번째 플레이 버튼(또는 F3을 눌러)을 클릭하면 된다.

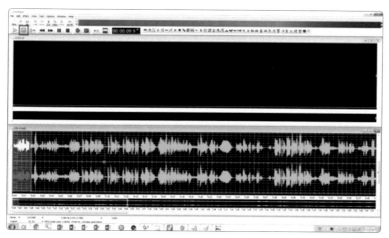

**그림 2-38** 연습용 짧은 음성 구간 선택

⑤ 그림 2-38의 아래 화면을 활성화시키고 'Ctrl+X'를 눌러 잘라내기를 한 다음 마우스를 위 화면으로 옮겨 위 화면을 활성화시킨 후 'Ctrl+V'를 누르면 그림

2-39와 같이 붙여넣기가 된다.

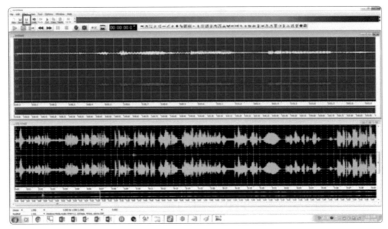

**그림 2-39** 연습용 짧은 구간 - 파일 저장

⑥ 앞에서 만들어 둔 'Save As' 버튼을 클릭하면 다음과 같은 대화상자가 열린다.

**그림 2-40** 새 음성 파일 저장

⑦ 파일 형식을 미리 정해 두고 연습용 원본 파일과 실제로 연습 후 녹음하는 파일의 파일 형식으로 사용하는 것이 좋다. 이에 대하여는 뒤 페이지에서 다루기로 한다.

파일을 만드는 사람에 따라 파일의 개수는 어느 정도 달라질 수 있겠지만 내가 만든 파일의 개수는 33개였고 가장 짧은 파일의 길이는 1초(3개)였고 가장 긴 파일은 8초(1개)였다. 2초짜리 파일은 9개, 3초짜리 파일은 8개, 4초짜리는 9개, 5초짜리는 3개였다. 평균 3.6초였다.

⑧ 앞의 화면이 활성화된 상태에서 키보드의 'Delete' 키를 눌러 처음과 같은 상태로 만든다. 마우스를 아래 화면으로 옮겨 위에서 한 작업을 반복한다. 이 작업을 하기 전 대본을 미리 준비해 두고 대본을 보면서 파일을 나누는 것이 보다 효율적일 것이다.

이렇게 만들어진 음성 파일들은 녹음하기 전 연습할 때 하나씩 연습할 수도 있고, 각각의 음성 파일 사이에 소리가 없는 구간을 넣어 새로운 파일을 만든 후 스마트폰 등에서 헤드폰 등으로 들으면서 따라 하기 연습을 할 수도 있다.

**그림 2-41** 곰오디오 환경설정

⑨ 곰오디오[5]에서 환경설정을 클릭한다.

---

5  2장의 세 번째 챕터 참조.

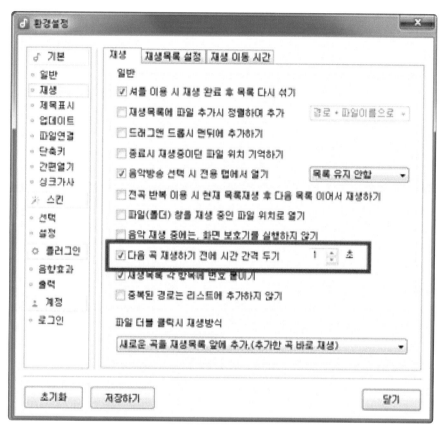

**그림 2-42** 곰오디오 환경설정 대화 상자

⑩ '다음 곡 재생하기 전에 시간 간격 두기'에 체크를 하고, 시간을 정한다.

간격이 대개 1초 정도 되면 조금 빠른 대화 등도 여유를 가지고 쉽게 들을 수 있다. 2초, 3초 등을 선택하면 각 음성 파일의 소리를 헤드폰으로 들으면서 한 문장, 한 문장을 따라서 연습할 수가 있다.

**그림 2-43** 곰오디오 재생목록

⑪ 해당 파일을 모두 끌어 목록 창에 넣는다. 그림 2-43은 10개의 음성 파일을 마우스로 한꺼번에 끌어다 넣은 것을 보여 준다. 보는 바와 같이 음성 파일의 이름을 숫자로 만들었는데, 기본 정렬은 차례대로 되지 않았다.

**그림 2-44** 곰오디오 재생목록 정렬

⑫ 오른쪽 아래 두 번째 버튼을 누르면 그림 2-44와 같은 정렬 선택 창이 열린다.

**그림 2-45** 곰오디오 재생목록 정렬 결과

⑬ '파일 이름으로 정렬'을 선택하면 그림 2-45와 같이 된다.

**그림 2-46** 연습용 음성 파일 사이 간격 띄우기(1초)

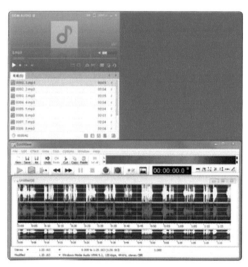

**그림 2-47** 연습용 음성 파일 사이 간격 띄우기(3초)

스테레오 오디오 케이블을 구해서 한쪽은 스피커에 한쪽은 마이크에 연결한 다음 곰오디오에서 재생을 시키고 골드웨이브에서 녹음을 하면 각 음성 파일 재생 사이에 소리가 없는 구간이 있는 것을 확인할 수 있을 것이다.

## (5) 파일 형식

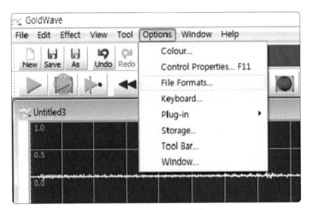

그림 2-48 음성 파일 형식

① 메뉴의 'Options'에서 'File Formats'를 클릭한다.

그림 2-49 파일 형식 선택

② 'File Format Options' 대화 상자가 열린다.

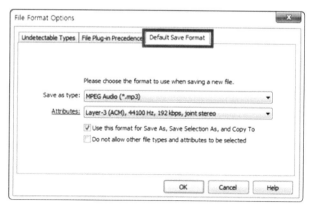

**그림 2-50** 파일 형식 선택 - Default(MP3)

③ 'Default Save Format'을 선택한다.

**그림 2-51** 파일 형식 선택 - Default(WMA)

④ 'Save as type'을 그림 2-50과 같이 'MPEG Audio(*.mp3)'로 선택한다. 물론 다른 파일 포맷을 선택해도 되지만 TENTER 학습자의 연습용 원본 파일 형식

을 'MP3'로 한다. 녹음 후 기록용 파일의 형식은 'WMA'로 한다.

⑤ 속성 바로 아래에는 'Use this format for Save As, Save Selection As, and Copy To'에만 체크를 하고 'Do not allow other file types and attributes to be selected'에는 체크를 하지 않는 것이 좋다. 기본으로 위에서 정한 파일 형식이 선택되지만 아래에 체크를 해 두면 파일 형식이나 속성을 바꿀 수 없게 된다. 혹, 파일 형식이나 속성을 바꿔야 될 때도 있는데 아래에 체크를 해 둘 경우 이것들을 바꿀 수 없고, 꼭 바꾸기를 원하면 다시 이 'File Format Options'를 수정하여야 한다. 앞에서 편집한 〈카이유〉 시즌 1, 에피소드 1 파일의 길이는 2분 3초, 크기는 1,943KB였다. 1초당 크기는 약 16KB였다.

[WMA] 파일 형식으로 저장했을 경우 크기는 1,985KB로 조금 늘어났지만 크게 차이는 없다.

파일 형식보다는 [Attributes: 속성]에 따라 파일의 크기가 많이 달라진다. 그림 2-52에서 보면 '44100Hz, 192kbps, stereo', '44100Hz, 128kbps, mono', '32000Hz, 224kbps, stereo' 등 다양한 형식을 지원한다.

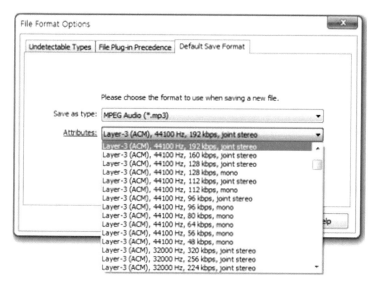

**그림 2-52** 음성 파일 속성

위에서 선정한 포맷을 이용할 경우 하루에 30분을 녹음한다면 파일의 크기는 다음과 같다.

$$30×60초/분×16KB/초=28,800KB$$

1년을 녹음할 때는 다음과 같다.

$$28,800×365일/년=10,512,000KB(10,387MB 또는 10.26GB)$$

이 책을 쓰기 위해 최근 구입한 하드 디스크의 용량이 2TB(실제로는 1.81TB, 1853 GB이다. 1TB=1,024GB이다. 컴퓨터 숫자 단위는 이진법으로 구성되어 있어서 십진법의 Kilo, Mega, Giga와는 조금 차이가 있다)이다. 산술적으로만 계산하면 180년을 녹음할 수 있는 용량이다.

앞으로 하드 디스크의 가격이 계속 내려가겠지만 이번에 구입한 2TB 하드 디스크의 가격은 9만 원 정도이다. 1년 치를 녹음하여 저장하는 비용은 1년에 500원 정도로 충분히 부담 가능한 수준이다. 파일의 크기를 줄이려고 속성을 변경하면 파일 형식 변경으로 인한 저장 시간이 더 오래 걸려 도리어 역효과가 났었다.

## (6) Control Properties

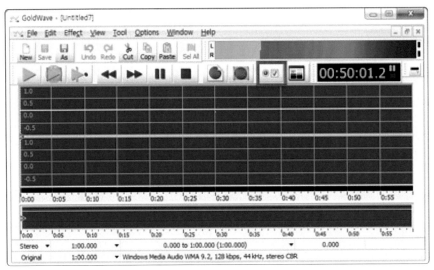

그림 2-53 Control Properties

① 'Control Properties' 대화상자를 연다.

**그림 2-54** Loop 설정하기

② 'Play 2'의 'Loop'에 체크를 하고 숫자를 '3'으로 고친다.

　　TENTER 학습 시 녹음하기 전 연습할 때에 유용하게 사용할 수 있다. 연습할 부분을 선택한 뒤 'Play 2' 또는 키보드의 F3을 눌러 선택 구간을 3회 반복 재생한다. 처음 한 번 정도는 듣고 두 번째와 세 번째에는 따라서 말하는 방식으로 연습하는 것이 좋은 것 같았다. 세 번을 들은 뒤 대본을 보면서 5~10회 정도 반복하여 읽는다. 막힘이 없는 상황에서 다음 문장으로 넘어가는 식으로 연습을 힌다. 세 번 듣고도 따라 하기가 힘들다고 느끼면 다시 한 번 더 눌러 3회 더 반복 재생할 수 있다. 쉬운 문장은 한 번에, 어려운 문장은 3회씩 2번 또는 3번, 더 어렵다고 느끼면 될 때까지 반복할 수도 있다. 그러나 너무

지나치게 오래하면 힘들어질 수도 있으니 다음에 다시 반복하는 것으로 하고 넘어가는 것도 하나의 방법이다.

목표는 원어민의 말하는 것과 같은 속도로 따라 하는 것이다. 즉, 영어를 눈이나 머리로 익히는 것이 아니라 입에 익숙해지도록 연습하는 것이다. 이런 식으로 연습하면 점차 말하는 속도도 빨라지고, 말할 때 여유도 생기며 더 잘 들리게 된다.

궁극적으로는 일반 원어민들보다는 더 영어를 잘 말하고 들을 수 있는 단계에까지 이를 수 있을 것이다. 물론 영어권에서 정상적으로 대학 교육까지 받은 사람들보다 더 잘하기는 힘들 것이다. 그러나 일반적인 영어 교육(중학교나 고등학교 정도)만 받은 사람들보다 더 잘하게 되는 것은 꿈이 아니라 현실이 될 수 있다.

Chapter **2.**

# 곰플레이어(GOM PLAYER)

## 1) 설치하기

곰플레이어는 곰앤컴퍼니(GOM&COMPANY)의 제품으로 동영상을 재생하기에 아주 편리한 무료 소프트웨어이다. 홈페이지(http://gom2.gomtv.com/release/gom_player.htm)에서 사용시스템에 해당하는 곰플레이어를 다운로드받아 설치한다. 네이버나 구글 등 검색엔진에서 '곰플레이어'로 검색하여 다운로드 사이트를 찾아도 된다. 곰플레이어는 너무나 오래전부터 많이 알려진 동영상 재생 프로그램이어서 많은 사람들에게 익숙한 소프트웨어일 것으로 생각한다.

이 책에서는 TENTER 학습에 필요한 몇 가지에 대하여 설명하고자 한다.

## 2) 구간 반복

동영상을 통하여 영어 학습을 할 경우 가장 많이 사용되는 것 중의 하나가 구간반복 기능이다.

유튜브 등에서 다운로드하거나 다른 방법으로 소장하고 있는 많은 동영상은 곰플레이어를 통하여 포맷에 상관없이 구간반복으로 반복 시청 및 학습이 가능하다.

**그림 2-55** 곰플레이어 실행 화면

① 일단 동영상을 연 다음, 다음 순서에 따라 구간 반복을 실행한다. 대본을 컴퓨터의 동일한 화면에 열어 놓은 상태에서 동영상을 실행하면 전체 내용이 보다 잘 이해된다.

동영상에 포함된 소리가 없는 구간이나 의성어, 감탄사 등을 편집하려면 골드웨이브를 통하여 편집해 사용하는 것이 편리할 수도 있다. 그러나 한 동영상에 대하여 전체를 이해하려면 동영상을 구간 반복하여 실행하는 것이 무엇보다 효과적일 수 있다.

**그림 2-56** 곰플레이어 구간 반복 설정 1

② 곰플레이어의 우측 아랫부분에 있는 '제어창 열기(F7)'를 클릭하거나 키보드에
서 F7을 눌러 바로 제어창을 열 수가 있다.

**그림 2-57** 곰플레이어 구간 반복 설정 2

③ 오른쪽 위의 '재생'을 클릭한다.

**그림 2-58** 곰플레이어 구간 반복 설정 3

④ 동영상의 어느 부분을 선택하여 시작위치나 종료위치를 클릭한다.

'시작위치'를 클릭하면 현재의 위치가 시작위치가 되고 동영상의 끝부분이 종료위치가 된다. 이 구간 안에서는 화면을 이동하여 다시 '시작위치'를 클릭하거나 '종료위치'를 클릭하면 그곳이 시작위치가 될 수도 있고, 종료위치가 될 수도 있다. 앞에서 설정한 시작위치와 종료위치를 없애려면 '반복해제'를 클릭하면 된다.

**그림 2-59** 곰플레이어 구간 반복 설정 4

⑤ 동일한 위치에서 '종료위치'를 클릭하면 현재의 위치가 종료위치가 되고 동영
상의 첫 부분이 시작위치가 된다. 이렇게 구간 설정을 한 다음 동영상을 실행
하면 이 구간 내에서 동영상이 반복 재생된다. 시작위치와 종료위치를 각각
지정하면 원하는 구간의 반복 재생이 가능하다.

## 3) 재생 목록

그림 2-60 곰플레이어 재생목록

 

곰플레이어의 오른쪽 아래 '재생목록'을 클릭하거나 키보드의 F8을 누르면 재생목록 창이 열린다. 한 폴더에 있는 같은 형식의 동영상이 자동으로 재생목록에 포함된다.

영어 학습 시 매번 파일탐색기를 열 필요가 없이 재생목록을 열어 필요한 동영상을 선택하면 된다. 오른 쪽에 표시한 슬라이드를 움직여 원하는 동영상을 찾을 수 있다.

Chapter **3.**

# 곰오디오(GOM AUDIO)

## 1) 설치하기

곰오디오는 곰앤컴퍼니의 뮤직 플레이어로, 무료 소프트웨어이다. 홈페이지 (http://gom2.gomtv.com/release/gom_audio.htm)에서 사용 시스템에 해당하는 곰오디오를 다운로드받아 설치한다. 네이버나 구글 등 검색엔진에서 '곰오디오'로 검색하여 다운로드 사이트를 찾아도 된다.

사용 방법이 간단하여 긴 설명을 할 필요성을 느끼지는 못하지만 TENTER 학습에 필요한 몇 가지에 대한 설명을 하고자 한다.

## 2) 오디오 열기

파일탐색기에서 재생할 파일을 선택한 후 마우스로 곰오디오의 재생목록 창에 끌어넣는다. 여러 개의 파일을 동시에 끌어넣어도 된다.

## 3) 반복 재생

그림 2-61의 마크 부분을 클릭하면 '반복없음/전곡반복/한곡반복'이 차례로 바뀐다.

**그림 2-61** 곰오디오 반복 재생

그림 2-61은 한곡반복이 선택된 것이고 대개의 경우 한곡반복의 상태로 재생을 하면 된다.

## 4) 재생 속도 설정

**그림 2-62** 곰오디오 재생 속도 설정 1

① 왼쪽 위의 '환경설정'을 클릭하든지 F5를 눌러 환경설정을 한다.

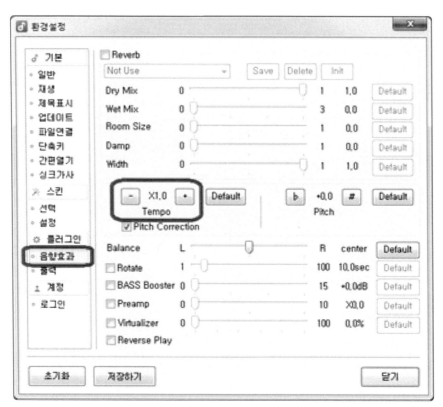

그림 2-63 곰오디오 재생 속도 설정 2

② 환경설정 창의 '음향효과'를 누른다.

'Tempo'의 '-', '+'를 클릭하면 '×0.9, ×0.8, ×0.7···' 또는 '×1.1, ×1.2, ×1.3···' 등
0.1 단위로 바뀐다. 재생 속도가 원래 속도의 '90%, 80%, 70%···'로 느려지기
도 하고, '110%, 120%, 130%···'로 빨라지기도 한다.

원 오디오의 속도가 늦어 빠른 속도로 들을 때나, 빠른 속도에 익숙해지고 싶
을 때 이용할 수도 있고, 원 오디오의 속도가 너무 빨라 익숙해질 때까지 어
느 정도 늦게 듣고 싶을 때 이용할 수도 있다.

## 5) 구간 반복 설정

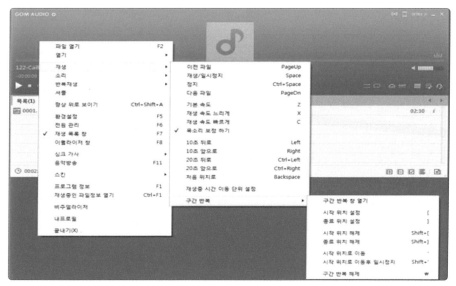

**그림 2-64** 곰오디오 구간 반복 설정 1

① 곰오디오의 위창에서 오른쪽 마우스를 클릭한 다음, '재생'-'구간 반복'을 차
례대로 클릭하면 그림 2-65와 같이 된다. 마우스로 진행 위치를 정하고 시
작 위치를 설정하려면 여는 대괄호(|)를 클릭한다. 종료위치를 설정하려면 닫
는 대괄호(|)를 클릭한다. 구간 반복을 해제하려면 역빗금(₩) 키를 클릭한다.

그림 2-65는 구간의 시작 위치와 종료 위치를 설정(구간 반복 설정: 00:17~00:48)한 후 종료 위치를 옮기기 위하여 마우스로 클릭한 상태이다. 마우스를 좌우로 움직이면 종료 위치가 변하는 것을 확인할 수 있다. 시작 위치도 동일한 방법으로 옮길 수 있다.

골드웨이브를 구입하지 않고 곰오디오를 활용하여 학습할 때 필요한 기능이다.

네이버 카페 TENTER는 독자 여러분의 궁금증을 올리고, 해결하고, 공유하는 온라인 해결사이다. 궁금한 내용이 있으면 주저하지 말고 카페에 올려서 여러 사람이 같이 문제를 해결할 수 있도록 모두 관심을 가져 주길 바란다.

$\mathsf{C}$hapter **4.**

# 곰녹음기

## 1) 설치하기

곰녹음기는 곰앤컴퍼니의 제품으로 마이크 녹음과 컴퓨터의 다른 프로그램에서 재생되는 소리를 녹음하는 것이 가능하다. 골드웨이브를 구입하였을 경우에는 골드웨이브를 사용하여 녹음하면 되겠지만, 단지 TENTER 학습만 하기 위하여 녹음하려면 곰녹음기만 사용하여도 아무 문제가 없다. 곰녹음기는 컴퓨터나 스마트폰에서 녹음을 위한 용도로 활용하기에 아주 편리한 무료 소프트웨어이다.

홈페이지(http://gom2.gomtv.com/release/gom_recorder.htm)에서 사용시스템에 해당하는 곰녹음기를 다운로드받아 설치한다. 네이버나 구글 등 검색엔진에서 '곰녹음기'로 검색하여 다운로드 사이트를 찾아도 된다.

① 곰녹음기를 설치하였으면 화면 위쪽에 있는 '환경설정' 버튼을 누른다.

**그림 2-66** 곰녹음기 환경설정 1

② '파일 이름'의 기본값을 '%Y %M %D 새로운 음악%N'으로 설정한다.

**그림 2-67** 곰녹음기 환경설정 2

③ 위와 같이 설정한 상태에서 녹음을 하면 그림 2-67과 같이 녹음이 된다.

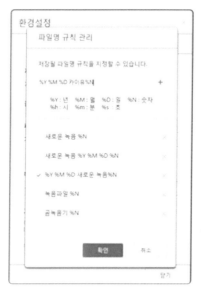

**그림 2-68** 곰녹음기 환경설정 3

④ '파일 이름'-'기본값'의 오른쪽에 있는 '고급…'을 누르면 그림 2-68과 같이 '파일명 규칙 관리' 대화상자가 열린다.

**그림 2-69** 곰녹음기 환경설정 4

⑤ 여기서 그림 2-68과 같이 '%Y %M %D 카이유%N'으로 설정한 후 녹음을 하면 그림 2-69와 같이 된다.

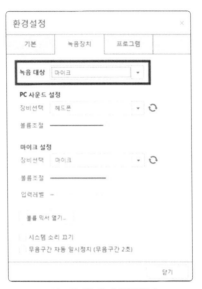

**그림 2-70** 곰녹음기 환경설정 5

⑥ '녹음장치'에서 '녹음 대상'을 선택한다. 'PC 사운드'와 '마이크'가 있는데 '마이크'를 선택한다.

Chapter **5.**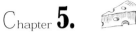

# 4K Video Downloader

4K Video Downloader는 기본적으로 무료로 사용할 수 있는 프리웨어이다. 그러나 25개를 초과하는 리스트를 동시에 다운로드받으려면 유료 버전을 구입하여야 한다. 유료 버전의 가격은 9.95달러이다.[6]

## 1) 프로그램 실행 방법

① 프로그램을 다운로드한 후 설치한다. 4K Video Downloader를 이용하면 유튜브의 동영상은 물론 페이스북(Facebook)의 동영상도 다운로드받을 수 있다.

---

6   네이버 카페 글(https://cafe.naver.com/tenter7/166)에서 자세한 내용을 확인할 수 있다.

② 프로그램을 실행하면 다음과 같은 대화창이 열린다.

**그림 2-71** 4K Video Downloader 실행 화면

③ 유튜브 등에서 다음과 같이 재생목록 또는 채널링크를 복사한다.

**그림 2-72** 링크 복사 1

④ 주소를 마우스로 드래그하여 오른쪽 버튼을 클릭한 다음 그림 2-72와 같이 복사를 클릭하든지, 단순히 단축키(Ctrl+C)를 이용하여 링크를 복사한다.

**그림 2-73** 링크 복사 2

⑤ ④와 같이 하면 4K Video Downloader 왼쪽 위에 그림 2-73과 같이 자동적으로 빨간 마크가 생긴다. '링크 복사'를 클릭하면 방금 복사한 링크의 재생목록 또는 동영상이 다운로드된다.


## 2) <카이유> 다운로드

카이유는 유튜브에서 'Caillou' 또는 '까이유'로 검색하면 된다. 혹은 링크[7]를 직접 입력할 수도 있다. 유튜브에서 'Caillou'로 검색하면 여러 검색 결과가 나오는데 대표적인 검색 결과로 방대한 양의 플레이리스트를 얻을 수 있다.[8] 현재(2018년 9월 21일) 이 플레이리스트로 다운로드할 수 있는 동영상은 965개이다.

---

7  주소창에 다음 링크를 직접 입력한다.
   https://www.youtube.com/results?search_query=caillou

8  유튜브 검색 결과 URL:
   https://www.youtube.com/channel/UC4yQCVILhTmOqX5kUkAGr0g

① 유튜브에서 직접 검색하여 앞에서 제시한 방법으로 플레이리스트를 복사한 후 4K Video Downloader를 실행하여 동영상을 다운로드한다.

**그림 2-74** '정보를 가져오는 중' 대화 상자

② '정보를 가져오는 중(채널 분석: 965 중 171)'이라는 대화 상자가 표시된다.

이 플레이리스트로 동영상을 모두 다운로드받으려면 데이터의 양이 상당하기 때문에 4K Video Downloader를 이용해도 한꺼번에 다운로드받기가 쉽지 않다. 이 책을 쓰려고 다운로드 테스트를 진행한 결과 전체를 다운로드받는 데 무려 1주일이라는 시간이 소요되었다. 동영상, 오디오, 자막 등을 다운로드 받는 데 여러 가지 제한이 있었다.

## \<카이유> 동영상 원본 다운로드

가장 힘들었던 부분이다. 파일의 용량이 워낙 커서 기존에 사용하던 하드 디스크가 꽉 차 다운로드를 포기해야 했었다. 지금 주로 사용하는 컴퓨터가 삼성 노트북 윈도우 7 버전인데 상위 버전의 윈도우에서 어떻게 적용할 수 있는지 확인하기 위해 새로운 노트북 컴퓨터를 하나 구입하였다. 여러 가지를 검토하다 전시몰에서 중고 노트북 컴퓨터를 구입하였는데 HP 노트북 컴퓨터, 윈도우 10, 하드 디스크 1TB(1,000GB), 메모리 8GB 정도 되는 것을 구입하였다. 중고 컴퓨터여서 가격은 56만 원 정도였다. 여러 가지 빅 데이터를 저장할 외장 하드 디스크가 필요할 것 같아 2TB 용량의 외장 하드 디스크(9만 원 정도)도 구입하였다. 기존의 노트북 컴퓨터와 새 노트북 컴퓨터를 동시에 켜 두고 여러 가지 다운로드 테스트를 진행하였다. 결국 한꺼번에 다운로드하는 것은 포기하고 플레이리스트를 조정하여 다운로드하기로 하였다. 965개의 원본 동영상을 다운로드한 결과 총 용량은 약 400GB 정도 되었다.

동영상을 다운로드한 후 재생 시간의 길이가 긴 것들을 중심으로 재생을 해 보았다. 동일한 내용이지만 파일 이름만 다른 형태로 된 것들이 아주 많이 포함되어 있었다. 동영상 이름만으로는 내용이 같은지 다른지 구분을 하기 힘들기 때문에 10명 이상을 대상으로 학습지도를 하는 교사가 아니라면 \<카이유> 전체 동영상을 유투브에서 다운로드받는 것은 추천하지 않는다.

다만 여러 명에게 \<카이유> 동영상에 대한 정보를 공유하기를 원하는 사람은 동영상의 해상도를 낮게 선택하여 전체를 다운로드받은 후 별도의 플레이리스트를 만들어 고해상도의 동영상을 다운로드받아 사용하는 것이 바람직할 것으로 생각된다.

참고로 다운로드 받은 동영상들의 플레이 시간은 다음과 같았다. 18시간 분량

2개, 14시간 분량 1개, 12시간 분량 5개, 11시간 분량 1개, 10시간 분량 1개, 9시간 분량 1개, 8시간 분량 8개, 7시간 분량 6개, 6시간 분량 8개, 5시간 분량 10개, 4시간 분량 30개, 3시간 분량 8개, 2시간 분량 28개, 1시간 초과 분량 156개 등으로 대용량의 동영상이 차지하는 비중이 상당히 많았다. 위 자료들은 1시간 초과 분량을 제외하고는 모두 반올림으로 근사치 시간을 쓴 것이다.

노트북 컴퓨터를 이용하여 위에 예로 든 동영상들을 모두 다운로드하는 것은 가능하지만 파일의 크기가 너무 커서 외장 하드 디스크에 저장할 수 없는 것들이 10개나 되었다.

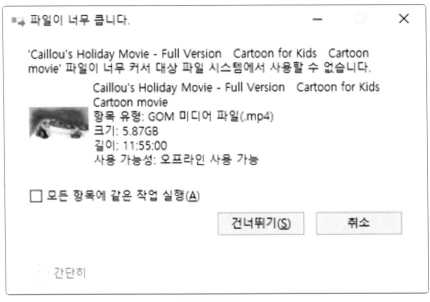

**그림 2-75** 빅 파일

이 문제점을 해결하기 위하여 인터넷을 검색하니 외장 하드 디스크의 디스크 포맷 문제인 것으로 확인되었다.[9]

## 오디오 파일 다운로드

위의 플레이리스트를 이용하여 오디오 원본 파일을 다운로드하는 것은 시간이 좀 걸리긴 하지만 별 어려움 없이 진행되었다.

965개의 오디오 파일(MP3)을 다운로드받으면 용량이 그림 2-76과 같이 54GB 정도 된다. 긴 동영상이 많이 있기 때문에 오디오 파일도 적은 양은 아니다.

**그림 2-76** 〈카이유〉 오디오 파일 용량

---

9    자세한 내용은 아래 링크의 카페 글에서 확인하기 바란다.
     https://cafe.naver.com/tenter7/170

- 자막 다운로드

자막은 동영상과 함께 다운로드받을 수 있다. 위의 원본 동영상 다운로드 때 적은 것과 같이 동영상을 한꺼번에 다운로드받는 것이 어렵기 때문에 자막을 한꺼번에 다운로드받는 것도 쉽지 않다. 스마트 모드에서 4K Video Downloader의 MP4 동영상 파일 포맷 중 가장 작은 용량의 포맷인 QCIF[10]로 선택한 후 자막을 다운로드한다.

**그림 2-77** 동영상 포맷별 저장 데이터 용량

---

10    176×112, 또는 176×144, QCIF는 Quarter CIF의 약자, CIF는 Central Information File의 약자.

참고로 위와 같이 각 동영상 포맷에 따라 다운로드된 파일의 사이즈가 달라진다. 물론 다운로드된 동영상 실행 시의 해상도도 선택되었던 동영상 포맷에 따라 달라진다.

〈카이유〉 동영상 중 임의의 1080p 해상도의 동영상을 선택하여 각 포맷별 저장 데이터 용량을 확인해 보았다. 그림 2-77과 같이 QCIF 포맷은 883KB인데 비해 원본 포맷인 1080p의 동영상은 8.9MB로 약 10배 정도 차이가 난다. 유튜브에 저장된 원본 사이즈가 각각 다르기 때문에 QCIF로 다운로드받았을 경우와 1080p로 다운로드받았을 경우 전체 용량이 10배 차이가 나는 것은 아니다. 참고로 965개 전체 파일을 QCIF 포맷으로 다운로드했을 경우 약 75GB 정도이다. 원본 포맷으로 다운로드 시 약 400GB가 된다.

같이 다운로드한 자막은 약 32MB 정도 되었다. 유튜브에서 다운로드한 카이유의 자막은 어느 정도 참고용으로는 사용할 수 있지만 대개의 경우 실제의 대화와 매칭이 안 되는 경우가 많다. 자막에서 텍스트 데이터만 추출한 후 편집하여 TENTER 학습용 대본으로 활용할 수 있기 때문에 자막 다운로드에 대한 설명을 포함시켰다.

Chapter **6.**

# 반디캠(Bandicam)

## 1) 설치하기

반디캠은 반디캠 컴퍼니(Bandicam Company)의 소프트웨어로서 컴퓨터 화면의 움직임, 동영상 등 컴퓨터에 표시되는 모든 것과 음성을 고화질 동영상으로 녹화할 수 있는 동영상 편집 제작 프로그램이다. 어떤 일련의 작업을 동영상으로 제작하여 여러 사람이 공유할 때 편리하게 사용할 수 있을 것 같아서 구입하여 사용하게 되었다. 컴퓨터로 하는 작업에 대한 설명 자료를 작성할 때 유용하게 사용하고 있다. 같은 회사의 제품인 반디컷과 동시에 패키지로 구입할 경우 많은 할인 혜택을 받을 수도 있으니 제작사 홈페이지에서 할인 혜택에 대하여 확인한 후 구입하는 것이 좋을 것 같다.

설명 등을 담은 CD-ROM(또는 DVD-ROM)을 책에 추가하는 것은 번거로워 이 책의 내용을 설명하는 것은 CD-ROM으로 제작하지는 않았다. 그러나 현재 내가 운용하고 있는 네이버 카페[11]에는 각종 상세한 설명들이 추가되고 있으며 필요 시 해당 내용을 동영상으로 제작하여 카페를 통하여 모든 사람이 공유할 수 있도록 할

---

11    https://cafe.naver.com/tenter7

생각을 하고 있다.

다른 소프트웨어와 마찬가지로 네이버나 구글에서 '반디캠'으로 검색하면 소프트웨어 제작사의 홈페이지(https://www.bandicam.co.kr/)를 쉽게 찾을 수 있다.

반디캠은 무료로 다운로드가 가능하지만 정품으로 등록을 하지 않으면 제작한 동영상에 워터마크(Water Mark)가 출력되고 녹화 시간도 10분으로 제한된다. 일단 무료로 다운로드받은 뒤 실제로 사용해 보고 필요하다고 판단되면 구입해도 된다.

이 책을 쓰고 있는 현재 소프트웨어 가격은 PC 하나당 44,000원이다. 반디캠과 반디컷을 패키지로 구입할 경우 67,100원에 두 소프트웨어에 대하여 정품 등록이 가능하다.

소프트웨어 제작사에서 제공하는 사용 설명 외에 TENTER 학습을 위한 특별한 추가 설명은 필요 없을 것으로 생각되어 반디캠의 사용 방법에 대한 설명은 생략한다.

# $C$hapter **7.**

# 반디컷(Bandicut)

## 1) 설치하기

반디컷은 반디캠 컴퍼니의 소프트웨어로서 동영상의 편집에 유용한 소프트웨어 이다. 동영상의 자르기와 합치기를 할 수 있다.

다른 소프트웨어와 마찬가지로 네이버나 구글에서 '반디컷'으로 검색하면 소프 트웨어 제작사의 홈페이지(https://www.bandicam.co.kr/)를 쉽게 찾을 수 있다.

반디컷은 무료로 다운로드가 가능하지만 정품으로 등록을 하지 않으면 제작한 동영상에 워터마크가 출력되고 동영상의 자르기와 합치기의 속도가 느리다. 일단 무료로 다운로드받은 뒤 실제로 사용해 보고 필요하다고 판단되면 구입해도 된다.

이 책을 쓰고 있는 현재 반디컷 소프트웨어 가격은 PC 하나당 33,000원이다. 반 디캠과 반디컷을 패키지로 구입할 경우 67,100원에 두 소프트웨어에 대하여 정품 등록이 가능하다.

반디컷을 실행하면 다음과 같이 편집 준비가 된다.

그림 2-78 반디컷 실행 화면

## 2) 자르기

① 화면 왼쪽의 자르기를 클릭하면 동영상을 선택하는 대화상자가 열린다.

그림 2-79 반디컷 자르기

② 준비한 동영상을 선택한다.

**그림 2-80** 반디컷 자르기 - 구간 설정 1

**그림 2-81** 반디컷 자르기 - 구간 설정 2

③ 그림 2-80과 같이 동영상이 열린다. 왼쪽 위와 오른쪽 아래의 구간 길이와 범위가 동일하다.

**그림 2-82** 반디컷 자르기 - 구간 미세 조정

④ 그림 2-82의 노란 타원 안의 방향 표시를 마우스로 클릭한 채로 좌우로 움직
이면 화면이 바뀌면서 구간 길이도 조정된다. 일단 대충 위치를 조정하고 그
림 2-82의 '1'이 하이라이트된 것처럼 숫자를 선택하고 왼쪽과 오른쪽의 빨간
사각형 안에 있는 위/아래 표시를 누르면 미세 조정이 가능하다. 그림 2-82
처럼 '1'을 선택하고 위 버튼을 누르면 구간의 끝 부분이 17.8초에서 10초 늘
어난 27.8초로 되고 반대로 아래 버튼을 누르면 10초 줄어든 7.8초가 된다.

**그림 2-83** 반디컷 자르기 - 구간 추가하기 1

⑤ 구간 추가를 누르면 그림 2-83과 같이 구간이 하나 추가된다. 위와 같은 작업을 반복하여 필요 없는 구간은 삭제하고 필요한 부분만 골라서 새로운 동영상을 만들 수 있다.

**그림 2-84** 반디컷 자르기 - 구간 추가하기 2

⑥ 그림 2-84의 오른쪽 아래의 '시작'을 클릭하면 그림 2-85와 같은 대화상자가 열린다.

**그림 2-85** 반디컷 자르기 - 구간 합치기

⑦ 저장될 파일명을 입력하고 '구간 합치기'를 클릭하면 하나의 동영상이 만들어진다.

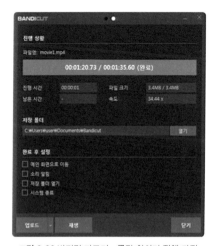

**그림 2-86** 반디컷 자르기 - 구간 합치기 진행 과정

⑧ 그림 2-86의 위쪽 사각형 안의 숫자(00:01:20.73/00:51:36.60)는 원 동영상의 길이가 1분 35.6초, 합쳐진 동영상의 마지막 부분이 원 동영상의 1분 20.73초라는 정보를 나타낸다. 합쳐진 동영상을 바로 재생할 수도 있고, 저장 폴더에 가서 파일을 선택하여 재생하여도 된다. 이 작업을 통하여 54초짜리 새로운 동영상이 만들어졌다. TENTER 학습용으로 다운로드받은 동영상(MP4)을 위와 같은 방법으로 편집할 수 있다. 소리가 없는 부분이나 학습이 필요치 않다고 판단되는 부분들을 삭제한 새로운 동영상을 만들 수 있다. 가족이나 소그룹에서 위와 같은 학습용 동영상을 만들어 사용하는 것은 괜찮을 것 같지만, 인터넷을 통하여 여러 사람이 공유하는 것은 저작권 문제 때문에 지양하는 것이 좋다. 그러나 동영상을 편집하는 것은 음성을 편집하는 것보다 불편하기 때문에 앞에서 적은 것과 같은 동영상 편집은 추천하지 않는다. 다만 여러 개의 동영상을 다운로드받은 후 앞뒤 부분을 자른다든지 여러 개의 에피소드가 합해진 동영상이 있는 경우 '구간 합치기'에 체크를 하지 않은 상태에서 '시작'을 클릭하면 지정한 구간만큼의 여러 개의 동영상들이 만들어진다.

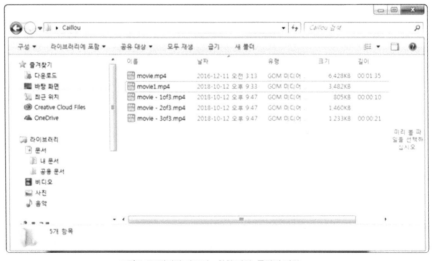

**그림 2-87** 반디컷 자르기 - 합친 파일, 구간별 파일

⑨ 그림 2-87은 movie.mp4에서 3개의 구간을 지정한 다음 '구간 합치기'를 체크
한 후 만들어진 동영상(movie1.mp4)과 '구간 합치기'의 체크를 해제한 후 만
든 3개의 파일을 나타낸다.

Part 03

하드웨어

abcdefghijklmnopqrstuvwxyz

**그림 3-1** TENTER 학습에 필요한 하드웨어 종합

내가 영어 학습을 하며 사용하는 하드웨어를 종합한 사진이다.

# Chapter 1.

# 컴퓨터

나는 지금 윈도우 7, 삼성 노트북 컴퓨터를 사용하고 있다.

그림 3-2 노트북 컴퓨터

그림 3-3 노트북 컴퓨터 구입 가격

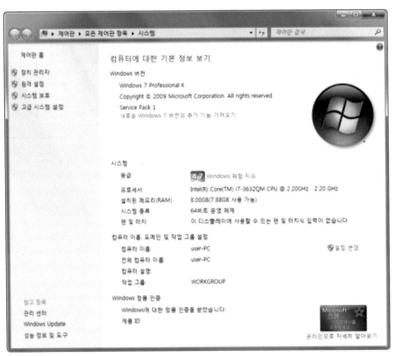

**그림 3-4** 노트북 컴퓨터 사양

2017년 8월 13일에 한컴오피스 홈에디션과 함께 86만 원에 구입하였다. 노트북 컴퓨터의 사양은 윈도우 7, 하드 디스크 1TB, 8GB RAM 정도이다. 2018년 10월 현재 비슷한 사양의 LG 제품의 가격은 53만 원 정도 된다.

$C$hapter **2.**

# 모니터

**그림 3-5** 25인치 모니터

**2018-09-24** (1139012124)   수연테크 울트라 슬림베젤 V25F 모니터   수연테크본사

실제금액: **119,000**원   주문번호: 1510881843

구매영수증 출력

**그림 3-6** 25인치 모니터 구입 가격

내가 지금 사용하고 있는 모니터는 2018년 9월 24일, 11만 9천 원에 구입하였다. 주연테크 제품으로 크기는 25인치이다. 이전에 노트북 컴퓨터의 자체 화면으로 학습할 때와 비교하여 유리한 점이 아주 많다. 처음에 구입하였을 때 화면 밝기가 너무 밝아 조금 불편함을 느꼈었는데, 화면 밝기를 조정한 후로는 아무런 어려움 없이 잘 사용하고 있다. 현재 사용하고 있는 해상도는 1920×1080이다.

**그림 3-7** 25인치 모니터 해상도

**그림 3-8** 모니터와 노트북 컴퓨터 연결

내가 사용하는 컴퓨터의 경우 위와 같이 연결해도 되지만 요즘은 노트북 컴퓨터에서 이런 연결 장치를 지원하지 않는 경우가 많기 때문에 모니터 구입 시 컴퓨터와 모니터의 연결 여건을 잘 검토하여야 한다.

$C$hapter **3.**

# 프린터

TENTER 방식으로 영어 학습을 할 경우 프린터를 사용할 경우가 많다. 이제까지 많은 프린터를 구입해 사용해 보았지만 레이저 프린터일 경우에는 토너, 잉크젯 프린터일 경우에는 잉크 카트리지의 비용이 너무 비싸서 프린터 사용에 많은 어려움이 있었다.

지금 내가 사용하고 있는 프린터는 복합기로 프린트, 복사, 스캔을 하기에 편리할 뿐 아니라 잉크 비용 또한 아주 저렴한 편이다.

**그림 3-9** 잉크젯복합기 + 무한잉크프린터

**그림 3-10** 잉크젯복합기 + 무한잉크프린터 구입 가격

2017년 5월 23일에 77,550원에 구입하였다. 무한잉크프린터·공급기를 부착하였는데 초보자는 설치가 조금 어려울 수 있으나, 필요할 경우 판매처 등의 도움으로 무난하게 설치가 가능할 것으로 생각한다.

요즘은 18만 원 정도의 가격에 다양한 정품 무한잉크젯복합기를 구입할 수 있다. 한 번 구입하면 수천 장을 인쇄할 수 있고, 초기에 제공되는 잉크만으로도 너무나 많은 양의 프린트를 할 수 있어서 일반 가정에서는 프린터 구입 후 잉크를 교체할 필요가 없을 수도 있다.

옥션 등의 온라인 마켓에서 '정품 무한잉크젯복합기'로 검색하여 프린터를 선택할 수 있다.

# Chapter 4

# 키보드

노트북 컴퓨터는 자체 키보드가 있지만 이동용이 아니고 대부분 책상 위에 두고 사용할 경우에는 별도의 키보드를 구입해서 사용하는 것이 편리할 경우가 많다.

**그림 3-11** 무선 키보드와 마우스

마우스와 한 세트로 된 무선 키보드를 하이마트에서 구입하였는데, 현재 온라인에서의 가격은 28,200원(무선 키보드와 마우스 한 세트 가격) 정도이다.

우연히 하이마트에서 이 키보드를 골라서 구입하게 되었는데, DVD-ROM으로 된 영화 등을 수시로 멈췄다가 다시 실행할 때 그림 3-12의 키보드 왼쪽 위의 첫 번째 파란 키가 아주 유용하였다.

마우스로 화면에서 일일이 제어하려면 번거롭고 힘든데, 이 키보드를 한 번 누르면 재생이 정지되고, 또 다시 한 번 누르면 연속하여 재생이 되는 등 아주 편리하였다. 일반 키보드에는 없는 기능이어서 TENTER 학습자들에게 아주 유용할 것으로 생각되어 소개한다.

**그림 3-12** 무선 키보드 특수키

키보드의 왼쪽 위 '재생/일시정지' 버튼이 유용하게 쓰인다.

# $C$hapter **5.**

# 마우스

노트북 컴퓨터에는 자체적으로 마우스 기능이 포함되어 있기는 하지만, 위 키보드를 구입할 때 같이 세트로 구입한 무선 마우스는 아무런 어려움 없이 아주 유용하게 잘 사용하고 있다.

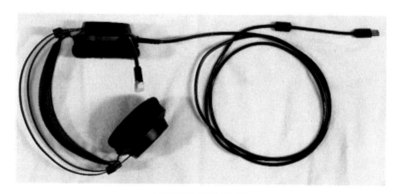

$C$hapter **6.**

# 스피커

## 1) 헤드셋

그림 **3-13** USB형 헤드셋

　2018년 초에 코스트코(COSTCO)에서 구입하였는데 현재 온라인 쇼핑몰에서 27,500원 정도에 구입할 수 있다. 하루에 30분 정도 학습할 경우에는 별 무리 없이 사용이 가능할 것으로 생각된다.

　그러나 2~3시간 이상 학습할 경우 헤드셋을 착용함으로 인해 귀 부분의 열이 밖으로 배출이 잘 되지 않고 습기가 차는 등의 문제점이 생길 수 있기 때문에 골전도 헤드폰과 마이크로 된 구성이 필요할 수 있다.

## 2) 골전도 헤드폰

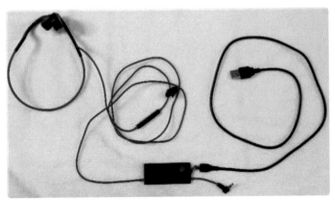

**그림 3-14** 유선 골전도 헤드폰

그림 3-14는 내가 들으면서 녹음을 할 때 주로 사용하는 유선 골전도 헤드폰이다. 유선 헤드폰이지만 다른 일반 헤드폰과 다른 부분은 코드의 끝부분에 있는 배터리를 수시로 충전해 주어야 한다는 점이다. 한 번 충전하면 12시간 정도 연속하여 사용할 수 있다. 배터리가 완전 방전되면 헤드폰으로 소리를 들을 수 없기 때문에 배터리가 완전 방전되기 전에 수시로 충전을 하는 것이 필요하다.

$C$hapter **7.**

# 마이크

헤드셋을 사용할 경우에는 별도의 마이크가 필요하지 않다. 헤드셋에는 마이크가 포함되어 있기 때문이다.

그러나 헤드폰을 사용할 경우, 녹음을 하려면 별도의 마이크가 필요하다. 물론 노트북 컴퓨터 자체의 마이크를 사용할 수도 있다.

그림 3-15는 내가 사용하고 있는 마이크와 연결 부품들이다.

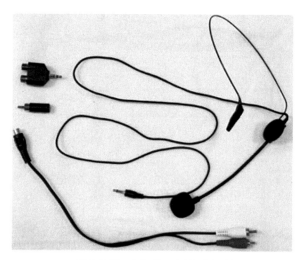

**그림 3-15** 모노 마이크와 스테레오 연결 부품

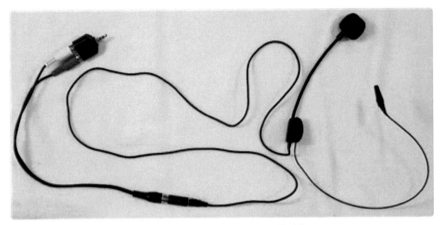

그림 3-16 모노 마이크와 스테레오 연결 부품 결합

이런 종류의 마이크는 스테레오(Stereo)가 아니라 모노(Mono)로 출력된다. 모노 마이크를 사용하여 녹음을 하면 그림 3-17과 같이 된다.

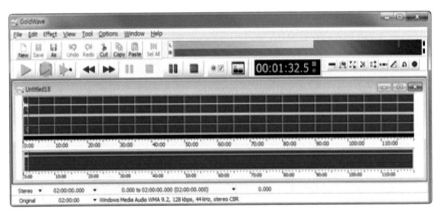

그림 3-17 모노 마이크로 녹음 진행 중인 상태

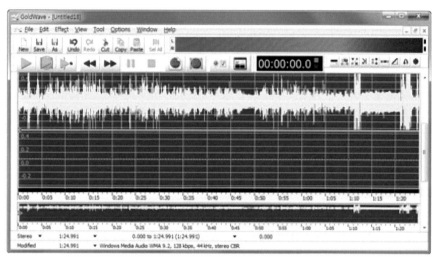

**그림 3-18** 모노 마이크로 녹음 완료한 상태

녹음을 종료하고 확인해 보면 그림 3-18과 같이 왼쪽, 오른쪽 중 하나만 녹음되고 다른 하나는 전혀 녹음이 되지 않은 것을 확인할 수 있다.

하나로만 나오는 출력을 두 개로 나눠 스테레오로 입력하는 연결 장치가 그림 3-16에 나와 있다.

**그림 3-19** 모노 마이크 구입 가격
2018년 7월 5일 구입. 9,300원

**2018-08-15** (1128989574)

결제금액: **5,000원**

주문상세보기▶

구매영수증 출력

부품가게 젠더/커넥터/케이블/스피커/케이블/3.5/5.5파이/각종젠더/스테레    부품가게▾

구매방법참조후입력↓ : A0113- 1개, A0122-1개, A0144-1개

주문번호 | 1495969195

영수증출력▶    판매자에게 문의하기▶    주문내역 삭제▶

**그림 3-20** 모노 마이크 연결 부품 구입 가격

2018년 8월 15일 구입. 5,000원

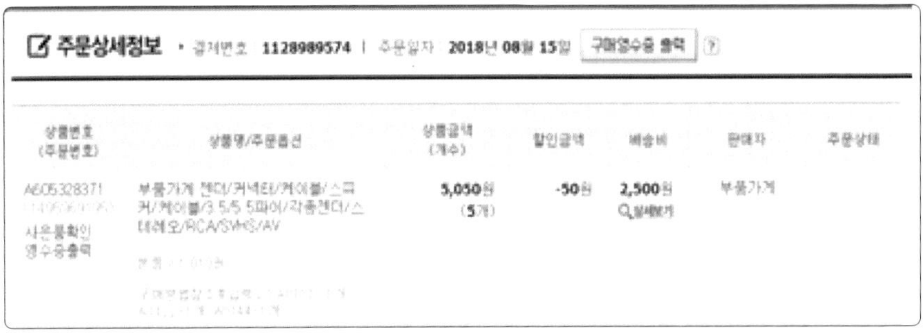

**☑ 주문상세정보** • 결제번호 1128989574 | 주문일자 2018년 08월 15일  구매영수증 출력 ⑦

| 상품번호<br>(주문번호) | 상품명/주문옵션 | 상품금액<br>(개수) | 할인금액 | 배송비 | 판매자 | 주문상태 |
|---|---|---|---|---|---|---|
| A60532837<br>사은품확인<br>영수증출력 | 부품가게 젠더/커넥터/케이블/스<br>커/케이블/3.5,5.5파이/각종젠더/스<br>테레오/RCA/SW-S/AV | 5,050원<br>(5개) | -50원 | 2,500원<br>🔍배송비 | 부품가게 | |

**그림 3-21** 모노 마이크 연결 부품 주문상세정보

$C$hapter **8.**

# 시계

TENTER로 영어 학습 시 대본을 보고 10번을 따라 말하면서 녹음을 하여야 하는데, 대개 1~3분 정도 되는 원본 오디오를 10회 반복할 때 얼마가 걸리는지 금방 계산하기가 곤란하다. 시간을 계산할 때 60초가 1분이고 60분이 1시간이 되는 등 육십진법으로 처리해야 되기 때문에 10번 반복 시 정확한 시간을 매번 계산하는 것은 힘들다.

그래서 생각한 것이 원본 오디오의 길이와 10번 녹음할 때의 길이를 표로 만들어 두고, 녹음하면서 시간을 수시로 보고 있다가 10번 녹음한 길이가 거의 되어가면 녹음을 마칠 준비를 하고, 10번 녹음한 시간에 맞춰 녹음을 끝내는 것이다.

시간 환산표는 그림 3-22와 같이 2가지로 만들어 사용할 수 있다.

| Time | Min | Sec |
|---|---|---|
| 2 | | 20 |
| 5 | | 50 |
| 7 | 1 | 10 |
| 10 | 1 | 40 |
| 12 | 2 | 0 |
| 15 | 2 | 30 |
| 17 | 2 | 50 |
| 20 | 3 | 20 |
| 22 | 3 | 40 |
| 25 | 4 | 10 |
| 27 | 4 | 30 |
| 30 | 5 | 0 |
| 32 | 5 | 20 |
| 35 | 5 | 50 |
| 37 | 6 | 10 |
| 40 | 6 | 40 |
| 42 | 7 | 0 |
| 45 | 7 | 30 |
| 47 | 7 | 50 |
| 50 | 8 | 20 |
| 52 | 8 | 40 |
| 55 | 9 | 10 |
| 57 | 9 | 30 |

| Time | Min | Sec | Time | Min | Sec | Time | Min | Sec |
|---|---|---|---|---|---|---|---|---|
| 1 | | 10 | 21 | 3 | 30 | 41 | 6 | 50 |
| 2 | | 20 | 22 | 3 | 40 | 42 | 7 | 0 |
| 3 | | 30 | 23 | 3 | 50 | 43 | 7 | 10 |
| 4 | | 40 | 24 | 4 | 0 | 44 | 7 | 20 |
| 5 | | 50 | 25 | 4 | 10 | 45 | 7 | 30 |
| 6 | 1 | 0 | 26 | 4 | 20 | 46 | 7 | 40 |
| 7 | 1 | 10 | 27 | 4 | 30 | 47 | 7 | 50 |
| 8 | 1 | 20 | 28 | 4 | 40 | 48 | 8 | 0 |
| 9 | 1 | 30 | 29 | 4 | 50 | 49 | 8 | 10 |
| 10 | 1 | 40 | 30 | 5 | 0 | 50 | 8 | 20 |
| 11 | 1 | 50 | 31 | 5 | 10 | 51 | 8 | 30 |
| 12 | 2 | 0 | 32 | 5 | 20 | 52 | 8 | 40 |
| 13 | 2 | 10 | 33 | 5 | 30 | 53 | 8 | 50 |
| 14 | 2 | 20 | 34 | 5 | 40 | 54 | 9 | 0 |
| 15 | 2 | 30 | 35 | 5 | 50 | 55 | 9 | 10 |
| 16 | 2 | 40 | 36 | 6 | 0 | 56 | 9 | 20 |
| 17 | 2 | 50 | 37 | 6 | 10 | 57 | 9 | 30 |
| 18 | 3 | 0 | 38 | 6 | 20 | 58 | 9 | 40 |
| 19 | 3 | 10 | 39 | 6 | 30 | 59 | 9 | 50 |
| 20 | 3 | 20 | 40 | 6 | 40 | | | |

**그림 3-22** 시간 환산표

그림 3-22의 왼쪽 위에 있는 'Time'은 원본 오디오의 길이 중 분 단위는 제외하고 초 단위만 나타낸 것이다. 다음에 있는 'Min'은 원본 오디오를 10번 녹음 시 □□분 이상 걸린다는 표시이고, 'Sec'는 앞의 □□분 이후 ■■초라는 것을 표시한다.

앞의 표에는 2초를 10번 하면 20초, 이후에는 3초 또는 2초 간격으로 10번 반복 시의 시간을 환산해 두었다.

뒤의 표에는 1초 간격으로 환산한 것을 나타낸다.

TENTER 네이버 카페에서 Time Table을 다운로드할 수 있다.[12]

**그림 3-23** 알람시계

만약 원본의 길이가 1분 26초였다면 위의 표에서 26초를 10번 하면 4분 20초가
되므로 1분 26초를 10번 반복 시, 14분 20초(1분은 10번 하면 10분, 26초는 10번 하면
4분 20초, 합하여 14분 20초)가 된다는 식이다. 왼쪽의 표(간이표)를 사용할 때는 26
초와 가까운 25초를 10번 반복 시의 길이가 4분 10초이므로 4분 이상, 5분 이내라
는 것으로 이해할 수 있다.

그림 3-23에 소개한 알람시계의 경우 10초 단위로 설정하는 기능이 있긴 하지만
분 단위로만 설정한 후 활용하여도 된다.

만약 원본 오디오의 길이가 1분 26초일 경우 3-24와 같이 1:26(원본 오디오의 길이)
라고 적고 그 아래에 15(14분 20초를 올림하여 15분으로 표시)라고 쓴 뒤 동그라미 표
시를 한다.

---

12    타임 테이블 다운로드 경로: https://cafe.naver.com/tenter7/180

Kids, it's time for stories. Come and sit next to me. Today's story is about learning English.

Wow.

Let me tell you the story of how I learned English. When I was a student, I started learning English in junior high school.

Were you learn English from alphabet?

Yes. I learned my ABC's in the first grade of junior high school.

At that time, I thought students should start learning English from junior high school. I learned Chinese when I was in the sixth grade of elementary school. I always thought that it was very important to learn as a child.

You might be a smart boy.

I grew up to be an adult. I worked for a big company, a foreign company, and at the age of 50, I started working for US Navy in Korea. However, it is not easy to listen to a native English speaker as a Korean who just studied the general curriculum at school.

I heard that you only have one child.

Yes, ten years ago, my only daughter went to America to study. My daughter married an American and lives in the United States now. A pretty granddaughter was born.

You must miss her very much.

I think so, too.

I was scared. When my granddaughter grows up, I won't understand what she says ...

Then, what did you do?

So, I did my research. I was wondering if I could learn English like a native speaker. God, my savior, inspired me. The best way to learn a foreign language is to repeat after a native speaker. I researched how to speak a lot in English.

그림 3-24 TENTER 녹음 대본

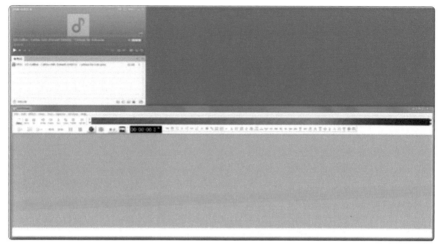
**그림 3-25** TENTER 녹음 준비 완료 상태

**그림 3-26** 곰오디오 - 녹음 준비 상태

그림 3-25와 그림 3-26은 〈카이유〉 115에 대한 녹음 준비가 다 된 상황을 나타
낸다.

① 원본 오디오를 골드웨이브로 연 다음 따라 하기 연습을 하고, 연습이 끝나면 골드웨이브에서 열어 놓았던 원본 오디오 파일은 닫고, 그 원본 오디오 파일을 곰오디오에 드래그하여 넣는다.

② 원본 오디오 파일의 길이가 02:08이므로 앞의 표에서 21분 20초로 환산하여 '22'라고 적는다.

③ 먼저 곰오디오를 재생시킨다.

④ 알람시계를 23분(표로 환산한 길이 21분 20초를 올림하여 22분, 여기에 1분을 추가하여 알람시계에 설정)으로 설정한 후 'START'를 누른다.

⑤ 골드웨이브의 녹음 버튼을 클릭한다.

⑥ 다시 곰오디오의 '이전 파일'을 눌러 원본 오디오 파일을 처음부터 재생한다.

⑦ 이제 곰오디오의 재생에 맞춰 골드웨이브로 녹음을 진행한다.

⑧ 위에서 알람시계의 'START'를 누른 후부터 원본 오디오를 처음부터 다시 재생시키는 과정까지 총 1분이 걸리지 않기 때문에 10회 녹음을 하더라도 알람시계는 울리지 않는다.

⑨ 녹음 시 수시로 알람시계를 보면서 언제쯤 10번 녹음이 끝날지를 짐작할 수 있다. 반대로 총 녹음 시간이 21분 20초이므로 21분으로 설정하면 반드

시 녹음이 10번 끝나기 전에 알람시계가 울리게 된다. 어떤 것을 선택할지는 TENTER 학습자 개개인에 따라 달라질 수 있을 것 같다. 나는 녹음한 것에 알람 소리가 포함되는 것이 싫어 주로 녹음 후에 알람이 울리도록 설정해 둔다. 시계를 사용하지 않고 한 번 녹음하고는 바둑알 등을 오른쪽에서 왼쪽으로 옮겨 두는 방식으로 10번을 확인하는 방법도 있다. 시계를 이용하여 10번을 확인하든, 바둑알 등을 이용하여 10번을 확인하든, 이것도 TENTER 학습자 개개인의 선택에 따라 달라질 수 있을 것으로 생각한다.

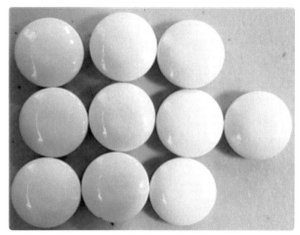

**그림 3-27** 녹음 시 10회를 세기 위한 바둑돌

그림 3-27은 내가 시계를 사용하기 전에 사용하던 바둑알의 사진이다.

# Chapter 9.

# HDD(Hard Disk Drive, 하드 디스크 드라이브)

컴퓨터 자체의 하드 디스크의 용량이 충분할 경우 별도의 하드 디스크가 필요하지 않을 수도 있다. 그러나 TENTER로 학습을 계속하면 저장해야 하는 파일의 양이 아주 많아진다. 동영상의 해상도도 가능하면 고해상도로 다운로드받는 것이 여러 가지로 편리할 때가 많다. 하드 디스크 용량이 크면 녹음한 음성 파일도 굳이 파일 크기를 줄일 필요가 없다.

요즘 하드 디스크의 가격이 아주 싸서 컴퓨터에 USB로 연결하는 외장 하드 디스크의 경우 10만 원 내외로 약 2TB 용량의 하드 디스크를 구입할 수 있다. 개인이나 가족 용도로 사용하려면 2TB의 용량이면 몇 십 년을 사용해도 충분하다.

# $C$hapter **10.**

# 형광펜

드라마나 영화 등에서 실제로 들리지는 않지만 대본에 나와 있는 것이 있다. 이런 경우 TENTER 학습용 대본에 포함은 시키지만 노란색으로 표시를 하여 녹음 시 건너뛰도록 하는 것도 하나의 방법이다.

그리고 대본으로 인쇄는 했으나 따라 하면서 녹음할 필요가 없는 것들, 소리가 들리지 않는 것들, 중복되어서 음성 파일에서 삭제한 부분들은 노란색 형광펜으로 표시를 해 두면 녹음 시 편리하다.

Chapter **11.**

# 리딩 포인터(Reading Pointer)

대본을 출력하여 두고 컴퓨터에 GoldWave로 열어 놓은 음성 파일에 구간을 지정하여 들으면서 연습을 할 경우 리딩 포인터(Reading Pointer)가 필요하다.

처음에는 집에 있던 칼을 사용했었는데, 대형 문구점에 가서 둘러보다가 철로 만들어진 철자를 구입하여 사용하게 되었다. 미국 같은 경우에는 여러 종류의 리딩 포인터가 판매되고 있는데 한국에서는 온라인 마켓에서도 찾기가 쉽지 않았다. 그래서 대안으로 그림 3-28과 같은 철자를 사용하게 되었다.

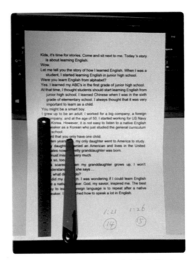

**그림 3-28** 포인터를 대본 위에 올려 둔 것

# Part 04

『원어민식 영어 학습법』

첫 번째 책
출간 이후

abcdefghijklmnopqrstuvwxyz

# $C$hapter **1.**

# 인터넷 카페 운영

첫 번째 책 『원어민식 영어 학습법』 원고가 마무리되어 갈 즈음, 2018년 3월 27일 네이버에 'TENTER' 카페를 만들었다. 책을 구입한 한 사람, 한 사람의 독자들에게 최선을 다해 꼭 영어를 마스터하게 해 주고 싶어서 그렇게 하였다. 많은 이들을 도와주는 것이 나에게도 큰 도움이 된다는 것은 이제까지의 경험으로 익히 알고 있었다.

TENTER 카페는 네이버 검색을 통해서도 찾을 수 있지만 인터넷 검색창에 주소(https://cafe.naver.com/tenter7)를 입력하여 들어올 수도 있다.

Chapter **2.**

# 독자 등록

『원어민식 영어 학습법』 책을 구입한 사람은 독자로 등록을 하도록 책에 안내되어 있다. 첫 번째 책을 구입하지 않고 이 책을 구입한 사람도 독자로 등록할 수 있다.

첫 번째 책에는 '독자 등록 신청서'를 책의 가장 뒷면에 두었는데 신청서가 어디 있는지 몰라 독자 등록을 하지 못했다는 얘기도 들었다. 이 책을 처음 구입한 독자는 다음 페이지에 있는 독자 등록 신청서에 필요한 내용을 기입한 다음, 앞에 안내한 카페를 찾아 독자 등록을 하길 바란다.

기존에 독자 등록을 한 네이버 카페 회원들이 있으니 이것을 참고하면 등록하는 것이 어렵지는 않을 것으로 생각한다.

# 독자등록신청서

**등록 희망 ID**: _____ (필수사항)

이름이 Hong, Gil Dong이고 태어난 해와 달이 2005년 3월인 경우 학습자의 ID는 0503HGD. 동일 ID가 존재할 경우에는 뒤에 등록하는 독자가 희망 ID뒤에 문자나 숫자를 추가.

**등록일자**: 20_____년 _____월 _____일 (필수사항)

**독자 서명**: _____ (필수사항)

**독자 이메일 주소**: _____

# Chapter 3.

# 독자 등록 이벤트

　책이 출간된 후 약 한 달이 지났을 때, 카페를 확인하니 독자 등록을 한 사람이 한 명도 없었다. 2018년 9월 30일까지 독자 등록을 한 후 책에 기록된 방법에 따라 카페의 출석부를 통해 가장 많이 출석한 사람에게 시상을 하는 이벤트를 실시하였다.

　내가 현재 사용하고 있는 유선 골전도 헤드폰을 상품으로 선정하였다.

　자세한 내용은 TENTER 카페에서 독자 등록 이벤트를 찾으면 확인할 수 있다.[13]

---

13　https://cafe.naver.com/tenter7/32

# Chapter 4.

# <카이유> 시즌 1~5

첫 번째 책을 쓰기 전에도 <카이유> 시즌 1, 시즌 2, 시즌 3을 들으면서 녹음을 한 적은 있었으나 그 책에서 제시한 내용과는 조금 달랐다. 그래서 책의 초안이 거의 완료되어 갈 때쯤, 2018년 3월 29일부터 <카이유> 시즌 1부터 책에서 제시한 방법에 따라 다시 학습을 시작하였다.

전에 했던 학습 방법과의 가장 큰 차이는 녹음하기 전 전체 내용을 확실하게 익힌다는 것이었다. 골드웨이브를 사용하여 짧은 구간, 긴 구간 등으로 구간을 선정한 다음 원어민의 말하는 속도를 거의 따라갈 수 있을 정도로 연습을 한 후 녹음을 하였다.

3월 29일에 <카이유> 시즌 1을 다시 시작하여 4.5개월 후인 2018년 8월 11일에 시즌 5까지 끝마쳤다. 녹음한 시간만 해도 320시간이 되는 엄청난 분량의 학습이었다. 영어의 듣기와 말하기 실력이 엄청나게 늘어난 것은 말할 필요가 없을 정도였다.

3분 30초짜리 원본 음성 파일을 10번 들으며 녹음하면 35분. 이렇게 하는 것을 하루에 가장 많이 한 것은 2018년 6월 6일 현충일이다. 10개의 에피소드를 학습하고 녹음했다. 이에 관한 기록은 TENTER 카페의 독자 학습기록 게시판에서 확

인이 가능하다.[14]

〈카이유〉 DVD-ROM 동영상과 한영 대본을 시즌 1부터 시즌 5까지 구입하였다.

**그림 4-1** 〈카이유〉 DVD-ROM 및 한영 대본

---

14  https://cafe.naver.com/tenter7/135

# $C$hapter **5.**

# 〈노팅 힐〉

〈카이유〉 시즌 5를 끝낸 후 〈모던 패밀리〉, 〈노팅 힐〉, TED에 대한 학습을 시작하였다. 〈카이유〉를 시즌 1부터 다시 시작하면서 이들에 대한 학습을 병행하는 방법으로 진행하였다.

2018년 8월 25일 〈노팅 힐〉에 대한 학습을 처음 시작한 후 9월 30일에 한 번을 완료하였다. 지금은 두 번째 학습을 진행하고 있다.

〈노팅 힐〉은 한 개의 원본 음성 파일이 약 1분 30초 정도가 되게 42개로 나누어 준비를 하였다. 〈노팅 힐〉 영화의 전체 길이가 약 2시간인데, 수정 파일의 길이는 1시간 12분이었다. 중간에 소리가 없는 부분, 학습이 필요치 않은 부분들은 골드웨이브로 음성 파일을 수정한 다음 학습을 진행하였다.

$C$hapter **6.**

**TED**

 

TED는 하나를 선택하여 2회 학습을 진행하였는데 현재 〈카이유〉 시즌 1과 병행하여 학습하고 있는 〈노팅 힐〉을 끝낸 후(현재 목표는 5회 정도 반복 학습하는 것이다) 계속 학습을 할 생각이다.

첫 번째로 선택한 TED는 마르코 알베라(Marco Alverà)의 '더 나은 경영의 놀라운 비법'이었는데 불공평과 공평함에 대하여 자세하게 다루고 있다. 교훈적인 내용이 많이 있어서 영어도 학습하고 좋은 정보도 얻을 수 있는 일거양득의 학습 자료인 것 같다.

# $C$hapter **7.**

# 천기누설_『원어민식 영어 학습법』을 쓴 이유

내가 왜 첫 번째 책『원어민식 영어 학습법』을 썼는가? 왜 나는 영어를 익히지 않으면 안 되었는가에 대하여 솔직하게 카페에 글을 남겼다. 글의 내용은 카페 글을 통해 확인할 수 있다.[15]

---

15    https://cafe.naver.com/tenter7/13

Chapter **8.**

# 독자 질문 1호

조카딸의 아들딸들(손자, 손녀)이 내가 쓴 책에서 제안한 방식으로 영어를 공부하고 있다. 2018년 5월 18일 독자에게서 첫 질문을 받았다.

나는 학교 다닐 때 질문을 참 많이 한 편이었다. 대학교 다닐 때, 수업시간에 모르는 것이 있으면 꼭 교수님께 질문을 하였던 것으로 기억된다. 내가 질문을 하지 않으면, 그날은 질문이 하나도 없는 경우가 있을 정도로 나는 질문을 많이 하였다. 바로 답을 들은 적도 많았지만, 어떤 때는 교수님께 숙제를 드린 것처럼 다음 시간에 답을 해 주시겠다는 말을 들은 적도 있었다.

독자로부터 첫 질문을 받고, 나는 가능한 이해가 쉽도록 카페에 글을 남겼다. 다른 독자들도 이 글을 보고 도움을 받을 수 있으면 좋겠다고 생각하였다. 나는 앞으로도 독자로부터 TENTER 학습에 대한 질문을 받으면 가능한 쉽게, 성실하게 답을 할 생각이다.

나중에 너무 많은 지원을 해야 될 상황이 되면, 또한 책의 판매로 인한 인세가 어느 정도 범위를 넘으면 직원을 채용해서라도 대한민국의 모든 독자들이 다 영어를 극복할 수 있도록 도와줄 생각이다.

질문과 답변 내용은 카페를 통해 확인할 수 있다.[16]

---

16  https://cafe.naver.com/tenter7/14

$C$hapter **9.**

# 나는 영포자였습니다

카페의 글을 그대로 옮겨왔다.[17]

나는 영포자였습니다.

나는 1972년에 중학생이 되었고, 처음으로 영어 알파벳 A, B, C, D를 배웠습니다. 중학교 때는 영어를 꽤 잘했었습니다. 그러나 공업계 고등학교로 진학한 이후로는 영어를 거의 포기해야 했습니다. 나는 이제까지 내가 해 온 영어공부는 암호풀이식 영어 공부라 생각합니다.

그러나 『원어민식 영어 학습법』을 쓰기로 하면서 생각이 바뀌었습니다. 나도 이제는 영어를 포기하지 않고, 제대로 학습해 보자는 생각을 하기로 하였습니다.

고등학교 졸업 후 2년제 전문대학으로 진학을 하였었는데, 그때 일본어를 배웠습니다. 일본어는 우리말과 비슷한 한자를 사용하고, 어순이 같기에 처음 공부하는 나에게도 너무나 쉬운 언어였습니다. 영어와는 비교할 수 없을 정도로 쉬운 언어였습니다. 전문학교 1학년 1학기가 끝난 후 교수님의 요청으로 일본어로 된 전문서적 초벌 번역을 할 정도였으니, 더 이상 쉽다는 표현이 어려울 것 같습니다. 이후 4년제 대학에 다시 입학하면서 영어 수업이 있긴 했지만, 단지 학점 획득만을 위한 공부는 영어 실력을 그다지 향상시킬 수 없었습니다.

대학 졸업을 앞두고 대기업에 취직을 하였지만 몇 년 후 대리로 진급을 하게 되면서

---

17    https://cafe.naver.com/tenter7/18

외국어 시험으로 영어를 포기하고(영포자), 일본어를 선택하였습니다. 지금은 모르겠지만, 당시에는 일본 기업과의 기술 협약 등으로 일본어로 된 서적과 자료가 많이 있어서 일본어를 아는 것이 업무에 많은 도움이 되었던 것은 사실이었습니다.

대기업을 사직하고 서울에 있는 미국계 회사에 근무하게 되었었는데, 그때도 영어를 공부하려고 시도는 하였지만 여전히 영어는 나에게 너무나 넘기 힘든 장벽이었습니다. 영포자로 남을 수밖에 없었습니다.

하나뿐인 딸이 한국에서 고등학교 과정을 마치고 미국으로 유학을 떠났습니다. 딸이 미국인 남자와 결혼을 하고 난 뒤 매년 한두 번은 미국을 방문하였습니다. 업무상 출장으로도 미국을 자주 다녀와야 했습니다. 미군 부대의 기계 설계 기사로 근무하면서 실제적으로 영어를 많이 접하고 있으면서도 영어의 벽을 넘으려는 시도는 하지 못하고 영포자로 살아왔습니다.

2016년 원어민 손녀가 태어났습니다.

손녀의 자라는 모습을 보면서 더 이상 영어를 포기할 수 없다는 생각이 들었습니다. 물론 육십이 거의 다 되어 영어를 하려면 힘이 드는 것은 사실입니다. 그러나 대신 열심히 노력하는 것으로 영어의 벽을 넘으려고 하고 있습니다. 약 1년간 영어 공부를 계속하고 있고, 이제 영어의 벽을 넘는 방법을 알았습니다. 그것이 『원어민식 영어 학습법』이라는 책으로 출판되었습니다.

저는 이 방법을 통하여 영어 학습을 계속할 것이고, 보다 높은 차원의 영어를 익힐 예정이며, 많은 영포자들에게 희망의 메시지를 전할 것입니다. 궁극적으로 대한민국에 영어공용어화가 실현되도록 최선을 다하고 싶습니다.

$C$hapter **10.**

# 시작이 반

사람들은 기다리는 것을 늘 힘들어하는 것 같다. 나도 마찬가지였고, 지금도 그렇다. 책이 출간된 후 약 10일이 지났을 때였다. 책은 꾸준히 판매되고 있는데, 책에서 제시한 독자 등록을 하는 사람이 한 명도 없었다.

지금은 책이 출간된 지 약 5개월이 지났지만, 당시 10일이 지났을 뿐인데 왜 독자들이 책에서 제시한 내용을 따르지 않는지 이해가 잘 되지 않았다.

우리말에 '시작이 반'이라고 했는데, 이에 대한 심경을 카페에 올렸다.

# Chapter 11.

# 공식 녹음 파일 포맷

첫 번째 책에서 녹음 파일에 대한 포맷을 제시하였다.

여러 사람이 같은 방식으로 학습하려면 어느 정도의 틀이 필요하다고 느껴서 녹음을 한 후 저장할 때 꼭 필요한 음성 파일의 포맷에 대한 것을 생각하였다.

시대가 바뀌고, 사람들이 바뀌면 세상만사가 다 달라지게 되어 있는데, 현재의 기술 수준에서, 현재의 시장 상황에서 가장 적절한 무엇인가가 필요할 것이고, 단체에서는 이것을 규정으로 정하여 공유할 필요가 있을 것이다. 현재의 상황을 고려하여 녹음 파일에 대한 포맷을 변경하자고 제안한 것이다.

이것을 카페에서 제안한 것은 2018년 6월 1일이었고, 앞으로도 필요에 따라 이러한 변경은 있을 수 있다. 너무 자주 바꾸면 혼란스럽겠지만, 꼭 필요한 시점이 되고 이유가 있으면 다시 검토하게 될 것이다.[18]

---

18  https://cafe.naver.com/tenter7/21

# Chapter 12.

# 보도자료

여러 사람들에게, 한국 사람들에게, 아니 전 세계인에게 영어를 배우기에 가장 쉽고 재미있는 방법을 소개한 『원어민식 영어 학습법』을 알리기 위해 보도자료를 준비하였다.

그림 4-2『원어민식 영어 학습법』

하루 30분씩 영어를 따라 하고 녹음하길 반복하면서 짧은 기간에 영어의 듣기와 말하기 능력이 획기적으로 향상된 경험을 한 50대 남성이 자기 체험을 책으로 펴냈다.

북랩은 최근, 58세에 시도한 영어 공부법을 통해 영어 회화가 가능해진 저자 문현국 씨와 그의 딸 예지 씨가 함께 쓴『원어민식 영어 학습법』을 펴냈다고 밝혔다.

이 책에서 소개하는 영어 회화 공부 방법은 문현국 씨가 직접 시도하고 그 효과를 체험한 것으로서 원어민이 말하는 것을 대본을 보면서 하루에 일정 시간 따라 하며 녹음하는 것이 핵심이다. 그는 실제 하루에 30분씩 이 방법을 실천하여 영어 회화가 가능해졌고 그 방법을 소개하고자 이 책을 썼다. 공저자로 참여한 딸 예지 씨는 미국에서 거주하고 있는 경험을 토대로 아빠의 원고를 검수하는 역할을 맡았다.

문현국 씨는 "영어는 머리가 좋아서 하는 것이 아니라 아무나 할 수 있는 것"이라며 "이 책대로 하면 영어를 극복할 수 있다"고 밝혔다.

그가 따라 하고 녹음한 영어 영상은 미국 애니메이션 '카이유(Caillou)'이다. 다른 드라마나 영화를 활용해도 좋지만 그가 특히 이 영상을 추천하는 건 영상이 나오는 중에 말이 끊기는 일이 거의 없어 따라 하기 쉽고 유튜브에서 무료로 찾아볼 수 있다는 장점 때문이다.

저자는 "영상 링크를 네이버 카페(http://cafe.naver.com/tenter7)에 수록했다"며 자신처럼 독학으로 영어 회화를 공부하는 이들을 지원하겠다는 의지를 내비쳤다.

저자 문현국은 KIMM 부설 전문대학 과정을 마치고 경남대학교 기계공학과를 나왔다. 이후 건국대학교 정보통신대학원 석사를 마쳤다. 육군 제2하사관학교를 졸업하고 육군 특전사 공수교육을 수료했다. 제일제당 부산공장, 기아기공(현, 현대위아) 공작기계연구소에서 근무했으며 한국 벤틀리에서 Technical Support Analyst로 일한 적이 있다. 현재는 주한미해군부대 설계실 기계설계기사로 있다.

공저자 문예지는 샌프란시스코 대학 간호학교를 졸업했다. 스탠포드대학 의료센터와 성모 마리아 의료센터, 캘리포니아 샌프란시스코 태평양 의료센터에서 간호학과 실습을 한 경력이 있고 요양 간호조무사와 미시건 한국 입양아 카운슬러로 일했다. 미국 간호사 자격증(RN), 공중위생 간호사 자격증(PHN)을 가지고 있으며 현재 미국에서 10년째 살고 있다.

Chapter **13.**

# 최고 기록

2018년 6월 6일, 현충일이었다. 책이 출간된 후 약 한 달 정도 지났을 때였다. 나는 〈카이유〉 시즌 1부터 다시 학습을 하고 있었고, 당시는 시즌 3을 학습하던 중이었다.

하루 종일 학습을 하였고, 말을 많이 하여 입안이 얼얼한 정도가 되었었다. 이날, 나는 3분 30초 기준으로 10개의 에피소드를 학습하고 녹음하였는데, 이때의 기록이 아직 최고 기록으로 유지되고 있다. 쉽지는 않은 기록인 것 같다.

관련 내용을 카페에 기록해 두었다.[19]

---

19  https://cafe.naver.com/tenter7/23

# Chapter 14.

# 단어의 뜻

〈카이유〉 시즌 3까지는 첫 번째 책을 쓰기 전에 한 번 정도는 학습을 하였었지만, 시즌 4는 6월 중순부터 처음 학습하고 녹음하기 시작하였다.

학습하는 내용을 자세히 파악하려고 하니 단어의 뜻을 찾아보는 경우가 많아졌다. 어떤 단어들은 한글로 된 설명만으로는 이해가 힘들었다. 그래서 나온 대책이 구글이나 네이버 등에서 제공하는 이미지에 대한 자료들이었다.

단어를 검색창에 입력하고 이미지 탭을 누르면 입력한 단어에 관한 각종 이미지가 나온다. 사람의 두뇌가 기억하는 것은 이미지 형태라고 알고 있다. 글로 읽고 암기한 것보다는 이미지 형태로 인식된 것이 짧은 시간에 기억이 되고, 오랫동안 기억으로 남는다고 한다. 네이버 TENTER 카페에 꽤 많은 이미지를 활용한 단어 학습 자료가 있으니 카페에서 소개한 대로 실제 『원어민식 영어 학습법』으로 컴퓨터를 통하여 영어 학습을 하면서 꼭 이 방법을 활용해 보기 바란다.

내가 기계 설계 기사로 주한 미군 부대에서 설계 일을 하면서도 많이 활용하는 방법이고, 10년 전에 유학을 가서 현재 미국에 살고 있는 나의 하나뿐인 딸도 유학생 시절 이 방법을 많이 사용하였다고 한다.

컴퓨터는 아직 생각을 못할 뿐이지 기억하고, 연산하는 등의 작업은 사람보다 수천 배, 수만 배는 더 잘할 수 있다는 것을 언제나 생각하기 바란다. 즉, 컴퓨터를 잘 활용하는 것은 현대의 경쟁에서 승리하기 위한 가장 기본이 되는 요소이다. 세상의 많은 자료들이 현재 인터넷상에 공개되어 있고, 한국인이 알지 못하는 많은 정보가 영어로 인터넷으로 소개되어 있다. 영어를 아는 것이 또한 가장 큰 경쟁력 중의 하나인 것이다.

수십 년 전 나는 인터넷 검색에 대하여 공부를 한 적이 있다. 그때 익힌 인터넷 검색 능력이 나의 개인의 능력이 되어 업무에 많이 반영되는 것을 전에도 느꼈고 오늘도 회사에서 느꼈으며 앞으로도 나에게 많은 도움을 줄 것이다.

이것도 꼭 기억하자.

내가 남을 도우려고 하면, 남도 나를 도우려고 할 것이고, 내가 속한 집단이 다른 집단보다 더욱 강력한 경쟁력으로 세상의 많은 업무에 영향을 미칠 것이다.[20]

---

20  https://cafe.naver.com/tenter7/30

# Chapter 15.

# 만 보 걷기

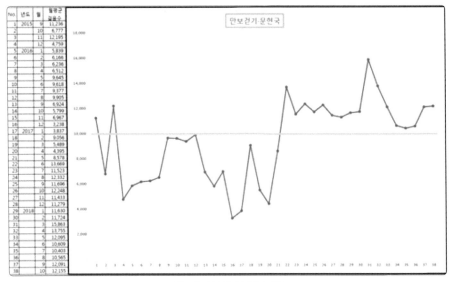

| No. | 년도 | 월 | 월평균 걸음수 |
|---|---|---|---|
| 1 | 2015 | 9 | 11,236 |
| 2 | | 10 | 6,777 |
| 3 | | 11 | 12,195 |
| 4 | | 12 | 4,750 |
| 5 | 2016 | 1 | 5,839 |
| 6 | | 2 | 6,166 |
| 7 | | 3 | 6,236 |
| 8 | | 4 | 6,512 |
| 9 | | 5 | 9,645 |
| 10 | | 6 | 9,618 |
| 11 | | 7 | 9,377 |
| 12 | | 8 | 9,905 |
| 13 | | 9 | 6,924 |
| 14 | | 10 | 5,799 |
| 15 | | 11 | 6,967 |
| 16 | | 12 | 3,238 |
| 17 | 2017 | 1 | 3,837 |
| 18 | | 2 | 9,056 |
| 19 | | 3 | 5,489 |
| 20 | | 4 | 4,395 |
| 21 | | 5 | 8,579 |
| 22 | | 6 | 13,669 |
| 23 | | 7 | 11,523 |
| 24 | | 8 | 12,332 |
| 25 | | 9 | 11,696 |
| 26 | | 10 | 12,248 |
| 27 | | 11 | 11,433 |
| 28 | | 12 | 11,279 |
| 29 | 2018 | 1 | 11,630 |
| 30 | | 2 | 11,724 |
| 31 | | 3 | 15,863 |
| 32 | | 4 | 13,755 |
| 33 | | 5 | 12,095 |
| 34 | | 6 | 10,609 |
| 35 | | 7 | 10,403 |
| 36 | | 8 | 10,565 |
| 37 | | 9 | 12,091 |
| 38 | | 10 | 12,155 |

**그림 4-3** 만 보 걷기 기록 그래프

　　현재 스마트폰으로 매일 만 보 이상 걷기를 실천하고 있다. 스마트폰 기록을 보니 2015년 9월부터의 기록이 있었다. 처음 스마트폰의 만 보계를 설정해 두고 9월, 11월 두 달은 하루 평균 만 보 이상을 걸었다. 그 이후로는 약 1년 반 동안 하루 평균 만 보를 넘긴 달이 한 번도 없었다. 2017년 6월을 계기로 하루 만 보 이상 걷기를 실천하겠다고 정하였다. 그 이후로는 하루도 빠지지 않고 만 보 이상을 걸으려 하였다. 2018년 6월 15일, 그날은 여러 가지 일로 많이 피곤하였던 것 같다. 깜박 잠이 들었는데 다음 날 일어나 확인해 보니 9,180보. 이날을 제외하곤 하루도 만 보 이하로 걸었던 적이 없다. 스마트폰을 체크하여 일단 만 보가 넘으면 스마트폰은 안 가지고 다닐 때도 있기 때문에 실제로 걸은 걸음 수는 그림 4-3 그래프에 나타난 것보다 더 많을 것이다. 그러나 목표가 만 보이니 더 이상 욕심을 부리지 않으려 하고 있다.

2018년 3월 미국의 딸네 집에 갔다 올 때였다. 3월 15일 저녁 11시 40분쯤 비행기를 탔는데, 한국에 도착하면 3월 17일이 되는 일정이었다. 비행기를 타고 있는 동안 3월 16일이 다 지나가는 것이다.

그림 4-4의 오른쪽 위의 스마트폰 스크린 샷을 보면 한국에 도착하여 오전 5시 24분에 스크린 샷을 저장한 것으로 되어 있다. 3월 17일에 걸은 걸음 수가 어느 정도 포함되어 있는 것을 확인할 수 있을 것이다. 즉, 3월 15일 밤늦게 비행기를 타고 한국에 도착하면 3월 17일 새벽이 되는 것이다.

**그림 4-4** 비행기에서 만 보 걷기

 

비행기 안에서 스스로 약속한 하루 만 보를 걸을 수 없다는 생각에 어떤 대책이 있는지 생각하였다. 비행기 뒤쪽에 가서 약 50센티미터 정도 되는 좁은 공간에서 앞으로 갔다 뒤로 갔다 하는 식으로 걷기를 시작하였다. 그래프를 보면 비행기 출발 후 1~2시간 후부터 약 2시간 정도 걸었던 것 같다. 스마트폰은 비행기 탑승 모드로 해 두니 미국에서의 시간으로 밤 12시가 지나고 시간은 3월 16일 새벽이 되어 있었다.

50센티미터 정도 되는 공간에서 걷기가 힘들어 나중에는 제자리 걷기를 하였다. 이렇게 걸어서 그림 4-4에 나타난 대로 10,059보를 걸었다.

내가 이렇게 한 이유는 하루 만 보를 걷지 않는다고 건강에 이상이 온다고 생각했기 때문이 아니다. 내가 목표로 한 것은 가능하면 지키려고 생각하고 이제까지 살아왔기 때문이다. 남들과 한 약속도 지켜야 하지만, 나 스스로와 한 약속도 지키도록 하는 것이 여러 면에서 유리할 것으로 생각하고 있다.

Chapter **16.**

# 기억 대신 연습

2018년 7월 27일 카페에 올렸던 글을 그대로 옮겨왔다.[21]

현재 시즌 5의 중간 정도를 학습하고 있다. 영어를 익힌다는 것이 이런 것이라고 강하게 느낀다. 영어를 한 단어, 한 문장씩 기억한다기보다는 한 단어, 한 문장씩 따라하다 보면 그것이 내 입에서 자연스럽게 나온다는 것이다.

대본을 보고 그냥 읽을 때는 어색하다고 느끼는 것이 들으면서 따라하면 자연스럽다는 것을 느낀다. 우리말에 은, 는, 이, 가 등이 앞 단어가 무엇인가에 따라 자연스럽게 따라 나오는 것처럼 영어를 말할 때도 a, an, the('드' 또는 '디'라고 발음)를 읽는 것이 자연스럽게 된다. 물론 학습할 당시에는 한 단어, 한 문장씩을 암기할 필요가 있다. 그러나 이것도 각자의 능력에 따라서 최소한으로 하는 것이 좋을 것 같다.

연습을 계속하다 보면 자연스럽게 익혀지는 것이 『원어민식 영어 학습법』이다. 나는 하루라도 빨리 내가 쓴 책에서 제시한 대로 시즌 5까지 끝내고 싶다. 그러나 실을 바늘허리에 메어 바느질할 수 없듯이 한 단계, 한 단계를 성실히 하고 있다. 최소한 내 마음이 정한 범위를 넘어서지 않도록 최선을 다하고 있다.

〈카이유〉는 재미있어서 학습을 계속하는 데 부담이 없다. 하나를 끝내고 나면 다음 에피소드의 내용이 무엇일까 기다려진다. 『원어민식 영어 학습법』 다음으로 출간할 예정인 교사용 책에 어떤 내용을 적을까를 생각하면서 하루하루를 즐겁게 학습하고 있다.

---

21  https://cafe.naver.com/tenter7/111

등산을 하면서 정상을 밟고 싶듯이, 한 시즌을 시작하면 곧 그것을 끝내고 싶어진다. 등산도 한 걸음에 정상까지 갈 수 없듯이 한 시즌을 끝내는 데도 꽤나 긴 시간이 걸린다.

이제까지 시즌 1에서 시즌 4까지 끝내면서 각 시즌별 거의 2주에서 한 달 정도의 시간이 걸렸던 것 같다. 학습을 계속해 갈수록 요령이 늘어나고, 실력도 쌓여 간다.

독자 여러분과 많은 사람 앞에서 자랑스럽게 대본 없이 말할 수 있는 날이 올 것을 기대하면서 나는 오늘도 열심히 영어를 학습하고 있다. 영어를 암기하는 것이 아니다.

# Chapter **17.**

# 따라 읽기 연습

꽤 빠른 원어민의 음성(카이유의 어머니의 음성) 약 4초를 따라 말하기가 처음에는 쉽지 않았다. 한 문장을 몇 개로 나누어 연습을 하였다. 동영상까지 곁들여 설명을 해 두었다. TENTER식으로 처음 학습을 하는 사람에게는 좋은 안내 자료가 될 것으로 생각한다.

여러 종류의 책에서 여러 방식으로 독자들에게 서비스를 제공하려고 하지만, 나의 경우도 TENTER 방식의 학습법으로 먼저 영어를 익힌 사람으로서 TENTER식으로 학습을 하려는 사람들에게, 독자들에게 최대한 도움을 주려고 하고 있다.[22]

---

22   https://cafe.naver.com/tenter7/115

$C$hapter **18.**

# 시조는 쉬운 것이, 영어도 쉬운 것이

중학교 다닐 때 꽤 열심히 공부를 했던 기억이 있다. 중학교 때 외운 많은 시들이 아직도 내 기억에 남아 있는 것을 보면 분명 열심히 공부를 했던 것이 틀림이 없는 것 같다.

'시조는 쉬운 것이…'로 시작되는 시조도 그중의 하나이다. 시조도 쉬운데, 영어도 쉽다는 식으로 카페에 글을 올렸다.[23]

> 중학교 때 외운 시조가 생각나서 인터넷 검색으로 시조를 써 둔 블로그를 찾았다. 글자 한자 안 틀리고(다시 확인해 보니 몇 자가 틀린 것 같기도 하다) 내가 외우고 있는 것과 같다. 이것을 외우면서 시조는 쉬운 것이라고 생각했던 것 같다.
>
> 나는 『원어민식 영어 학습법』을 썼다.
> 이제 나는 말할 수 있을 것 같다.
> 영어는 쉬운 것이라고.
>
> 『원어민식 영어 학습법』에서 제안한 대로 〈카이유〉를 비롯하여 미드(미국 드라마)에 푹 빠져 지내다 보면 영어같이 재미있고 쉬운 학습이 없을 것 같은 느낌이 든다. 나는 지금 영어를 학습하는 것이 재미있다. 나는 미국인인 사위와 깊이 있는 대화를 하고 싶고, 딸의 시댁 식구들과도 막힘없는 대화를 하고 싶다.

---

23  https://cafe.naver.com/tenter7/121

자라고 있는 두 미국인 손녀와 영어로 대화를 하는 것은 생각만 해도 나의 입술에 미소를 짓게 만든다. 물론 대한민국의 많은 사람들보다 내가 아주 영어를 잘해야 될 이유가 있는 것은 맞는 것 같다. 그러나 이 글을 읽고 있는 여러분도 나와 같은 이유들을 만들 수 있을 것으로 생각한다.

나 자신만의 소설을 써 보자. 책을 쓰라는 것이 아니고, 상상을 해 보라는 말이다. 내가 영어를 잘해서 뭔가를 할 수 있다는 상상.

나는 인터넷 검색을 아주 많이 하는 편이다. 직업상 미국 인터넷 사이트를 업무시간에 검색해야 할 때도 아주 많다. 영어를 잘 알지 못하면 사이트의 내용을 이해하는 데 아주 오랜 시간이 걸린다. 그것들을 빨리 읽고, 이해하고, 업무에 적용하는 것도 나의 일을 잘하는 데 아주 중요한 부분이다.

소설을 쓸 때에 외국을 여행하는 상상을 할 수도 있고, 페이스북이나 다른 인터넷 매체들을 통해 외국인과 의사소통을 하는 것을 생각할 수도 있을 것이다. 전에 영어를 포기하였던 내가 이렇게 영어를 재미있게 생각하고, 원어민 수준으로 실력을 키울 꿈을 가진 것은 『원어민식 영어 학습법』을 쓰도록 영감을 주신 하나님의 은혜라고 생각한다.

내가 기억하고 있는 본 제목의 시조를 그대로 적으면 다음과 같다.


시조는 쉬운 것이 읊으면 되는 것이
버선에 볼 받듯이 생각에 말을 받아
우리말 우리글로 날로씨로 짜거라

# Chapter 19.

# 긍정적인 생각

〈카이유〉를 학습하다 보면 영어만 배우는 것이 아니고 교훈적인 것도 많이 있다는 것을 알게 된다. 아이들 얘기라 좀 유치한 면이 없지는 않지만 선입견을 가지지 않고 아이들과 같이 호흡한다는 마음으로 학습을 하다 보면 의외로 빠져들게도 된다. 나의 경우는 사랑스러운 손녀들과 영어로 이야기할 것을 생각하면서 유치하다는 생각보다는 정말 기쁜 마음으로 〈카이유〉를 통한 학습을 즐기고 있다.

어느 날 카이유의 집에서 카이유가 바람에 날리는 파이 접시를 보고 비행접시를 보았다 생각하는 소동이 벌어진다. 처음에 비행접시라 생각했었는데, 나중에 확인해 보니 강한 바람에 날아다니는 파이 접시였던 것이다. 비행접시가 아니어서 실망하기보다는 실제로 그것이 파이접시라는 것을 발견한 것에 대하여 더 긍정적으로 생각하라는 내용이었다.

발명왕 에디슨이 수많은 발견을 하였지만, 그런 사람이었으면서도 그가 전구를 발명하기까지는 3,000번이 넘는 실패가 있었다는 것을 아는 사람은 많지 않을 것 같다.[24]

---

24  https://cafe.naver.com/tenter7/129

# Chapter 20. 

# <모던 패밀리>

<카이유>를 시즌 1부터 시즌 5까지 끝낸 후 <모던 패밀리>를 시작하였다. 전에 기회가 되어 미국에서 <모던 패밀리> 시즌 1에서 시즌 7까지를 구입해 두었다.

<모던 패밀리> 관련 자료를 어떻게 구입하였는지에 대하여 간략하게 카페에 소개를 해 두었다. 독자들이 좀 더 자세한 내용을 알기 위하여 카페에 질문을 올리면, 최선을 다하여 <모던 패밀리>나 기타 영어 영화, 드라마 등에 대하여 도움을 주려는 마음을 가지고 있다.

함께, 서로 도우면 여러 사람이 덜 힘들고 효율적으로 일할 수 있게 된다. 이 책을 읽는 여러분들도 주위에 있는 많은 분들에게 도움을 줄 수 있게 되길 바란다.

<모던 패밀리> 시즌 1에서 시즌 7까지를 아마존(온라인 마켓)에서 구입하였다.

그림 4-5 <모던 패밀리> 동영상 DVD-ROM(시즌 1~7)

$\mathsf{C}$hapter **21.**

# <노팅 힐>에서 발견한 연음 자료

<노팅 힐>에서 연음에 관하여 좋은 부분이 있어 정리하여 두었다. 이런 것들 때문에 영어가 잘 안 들리고, 말을 잘 못 하고, 힘들어하는 것 같다.[25]

---

25  https://cafe.naver.com/tenter7/157

# Chapter 22.

# 교재의 대본과 실제 음성의 다른 점

　　TENTER의 대본은 일반적으로 영어를 공부하는 사람들이 사용하는 대본과는 많은 다른 점이 있다.

　　'want to'를 [완투]로 발음하기도 하고 [와나]로 발음하기도 한다. [완투]로 발음할 경우에는 'want to'로, [와나]로 발음할 경우에는 'wanna'로 적는 것 등이 대표적인 경우가 될 수도 있으나, TENTER 대본의 기본 법칙은 단어를 보고 원어민이 발음하는 것을 가장 직관적으로 알 수 있게 하자는 것이다. 원어민이 발음하는 것을 따라 하기보다는 거의 동시에 말하고, 어떨 때는 원어민보다 더 빨리 말할 때도 있기 때문에 이 법칙은 상당히 중요하다.

　　내가 연습하였던 대본도 같이 올려져 있으니, 자세한 내용은 카페의 글을 참고하기 바란다.[26]

---

26　https://cafe.naver.com/tenter7/158

# Chapter 23.

# 불쌍한 인생 증명(서양식 유대)

세상을 살아가면서 꼭 필요한 것 중의 하나가 유머이다. 살다 보면 능력 있는 사람보다도 유머가 풍부한 사람에게 더 마음이 끌릴 때가 있다. 동서양을 막론하고 유머는 기계에 필요한 기름처럼 인생을 부드럽게 살아갈 수 있게 만드는 윤활유 같다.

많은 사람에게 부러움의 대상인 할리우드 스타인 안나 스콧(Anna Scott)은 자신이 불쌍한 사람이라고 주장한다. 19살부터 이제까지 다이어트를 해 왔으니 약 10년 정도는 굶주렸다며 말이다.[27]

---

27 https://cafe.naver.com/tenter7/162

# Chapter 24

# 왜 배우고 익혀야 하나

초등학교 6학년 때 익힌 한문책인 『소학』이 나의 인생에 많은 영향을 미쳤던 것 같다. 아버지의 권유로 한문책을 공부하게 되었는데 『소학』의 거의 처음 부분에 나오는 '이필사기강이습지어유치지시(而必使其講而習之於幼穉之時)'. 이 글은 내가 왜 배우고 익혀야 하는지에 대한 이유를 알려 주었다.

자세한 내용은 카페의 글을 참고하기 바란다.[28]

---

28  https://cafe.naver.com/tenter7/169

# Chapter 25

# 원어민의 토익 성적

토익 성적 900점 이상이면 원어민 수준의 영어 실력자라 할 수 있다. 나의 토익 점수는 아직 900점 정도는 안 되지만, 『원어민식 영어 학습법』 책을 쓰고, 또 그대로 실천하고 있기 때문에 조만간 토익 900점을 넘길 수 있을 것 같다. 토익 학원에서 요령만으로 점수를 올린 것이 아니라 TENTER식으로 공부하여 토익 900점 이상이 되면 진정 원어민 수준의 실력자라 할 수 있을 것 같다.[29]

---

29  https://cafe.naver.com/tenter7/174

# Chapter 26.

# 대화의 지명을 지도로 확인하기

'From Notting Hill to The Savoy'라는 제목으로 글을 올렸다. 대화 중에 나오는 지명을 그냥 따라 하는 것은 별 흥미가 없고, 학습을 힘들게 하는 것으로 생각하였다. 요즘 전 세계의 지도가 구글 맵에서 다 보이므로 관련 지명들을 모두 나타내면 대화의 내용을 좀 더 잘 이해할 수 있게 된다.

이에 대한 자세한 내용도 카페글로 올려져 있으니 그 글을 참고하여 지명과 관련된 학습 시 참고하기 바란다.[30]

---

30  https://cafe.naver.com/tenter7/176

Part 05

응용편

C<sub>hapter</sub> **1.**

# 독학하는 사람들을 위한 제안

이 책을 활용하여 TENTER 학습자로서 혼자서 학습할 경우에는 다음과 같은
방법으로 학습을 진행할 것을 제안한다.

① 먼저 〈카이유〉 시즌 1부터 시작한다.

MP4 동영상 파일 및 음성 파일은 유튜브에서 다운로드받을 수 있다. 4K
Video Downloader를 이용하면 유료 버전을 구입하지 않더라도 25개의 동
영상을 한꺼번에 다운로드받을 수 있다. 나머지 동영상도 네이버 TENTER
카페의 다운로드 목록을 이용하면 쉽게 다운로드할 수 있으니 카페를 방문
하여 문제를 해결하길 바란다. 일단 이것으로 25개의 에피소드에 대하여 학
습을 진행한다. 대본은 인터넷에서 검색하여 구할 수 있다. 대본을 구하는 것
이 힘들면 DVD-ROM 동영상과 영어/한글 대본이 포함된 학습 자료를 구입
할 수 있다. 이에 대하여는 앞에서 자세히 기록하였으므로 여기서 추가로 적
지는 않는다. 궁금한 부분은 이 책의 앞부분을 참고하기 바란다.

② 이 책에서 제시한 방법으로 대본을 만든다.

③ 다운로드받은 동영상 파일을 재생한다.

　　DVD-ROM을 구입하였을 경우에는 한글 자막을 켜 놓고 몇 번 반복하여 듣는다. 전체의 내용이 이해가 되면 영어 자막을 켜 놓고 들어 본다. 영어자막도 어느 정도 이해가 된 다음 위에서 만든 대본과 음성 파일을 이용하여 학습을 시작한다. 원어민의 말하는 속도를 어느 정도 따라갈 수 있을 정도로 연습을 한다. 잘 되지 않는 문장은 여러 개로 나눠서 연습을 한 다음 다시 전체 문장을 연습하는 방식으로 진행한다. 골드웨이브를 구입하지 않은 경우라면 앞에서 설명한 곰오디오의 구간 반복 설정 기능을 이용하여 원어민의 말하는 속도를 잘 따라 하지 못하는 부분에 대하여 연습을 한다. 우선 Trial Version을 다운로드한 후 설치하여 사용한 뒤 소프트웨어 구입을 결정할 수도 있다. 원어민이 말하는 것을 따라 하려면 골드웨이브의 기능이 아주 유용하기 때문에 본격적으로 TENTER 방식으로 영어 학습을 할 경우 꼭 골드웨이브를 구입하여 유료 버전으로 학습하기를 추천한다. 나의 경우는 『원어민식 영어 학습법』 책을 처음 쓰기 시작하면서 1년 동안 사용할 수 있는 유료 버전을 15달러에 구입하였는데(사용해 보고 좋으면 무기한 사용 유료 버전으로 바꾸려고 한 것이었다) 1년이 지나고 나서 계속 사용하려고 하니 다시 45불을 주고 유료 버전을 구입하여야 했다. 인터넷을 통하여 미국이나 캐나다 사이트를 통해서 45불에 구입할 수도 있고, 한국에서 좀 더 비싼 가격에 구입할 수도 있다. 어차피 동일한 라이선스에 대한 내용이므로 가능하면 홈페이지를 통하여 인터넷으로 구입하기를 추천한다.


④ 연습이 끝나면 녹음을 한다.

　　각각의 문장을 연습하는 것과 녹음을 하는 것에는 좀 다른 의미가 있다. 연습은 얼마든지 할 수 있지만 녹음을 하면 일단 하나의 매듭을 짓고 다음 에피소드로 진행할 수 있다. 한 에피소드를 1,000번, 10,000번 계속할 수는 없으니(그렇게 해서 효과가 있는지에 대해 보고된 바도 없는 것 같다) TENTER로 학습을 할 경우는 10번을 녹음하고 다음으로 넘어가도록 한다. 시즌 1을 끝내고 다시 에피소드 1부터 시작할 수도 있으니 너무 한 에피소드에 집착하지는 말았으면 한다.

어릴 때 아버지께 들은 얘기가 기억나 카페에 올렸다. '아버지에 대한 기억'이라는 제목으로.[31]


⑤ 〈카이유〉 시즌 1의 65개 에피소드를 학습하고, 녹음한다.

시대는 변하고 우리는 많은 정보의 홍수 속에 살고 있다. 이 책에서 제안한 방식으로 공부를 하되 수시로 네이버 카페 TENTER를 찾아 올려진 글을 읽고, 질문도 올리고, 또 다른 사람을 위하여 유익한 정보도 공유하게 되길 바란다.

온라인에 접속된 상태라면 한 에피소드를 시작할 때마다 TENTER 카페의 출석부에 지금 시작하는 에피소드의 번호를 올린다. 101은 〈카이유〉 시즌 1, 에피소드 1을 의미한다. 2011은 〈카이유〉 시즌 2, 첫 번째 방송분 첫 번째 에피소드를 의미한다. 〈카이유〉 이외의 다른 것을 학습할 경우에는 별도로 정해진 방식에 따라 해당 에피소드의 번호를 올린다. 나의 경우 〈노팅힐〉이라는 영화는 42개의 짧은 부분으로 나누어 학습을 하였는데 이것을 NH01, NH02… NH42와 같은 방식으로 적었다. 〈모던 패밀리〉의 경우는 MF1011(〈모던 패밀리〉 시즌 1, 에피소드 1을 의미), MF1012….

다른 것들에 대하여는 카페에서 정한 규칙을 참고하든지 별도로 질문을 올리면 여러 사람이 공유할 수 있는 이름을 정할 수 있을 것이다.

---

31  https://cafe.naver.com/tenter7/182

# Chapter 2.

# 소그룹(5명 내외)을 위한 제안

① 앞 챕터 '독학하는 사람들에게 하는 제안'을 참조한다.

② 추가적으로 필요한 것은 다음과 같다.

> 「저작권법」(시행 2018.10.16. 법률 제15823호, 2018. 10. 16., 일부개정) 제30조 사적이용을 위한 복제 공표된 저작물을 영리를 목적으로 하지 아니하고 개인적으로 이용하거나 가정 및 이에 준하는 한정된 범위 안에서 이용하는 경우에는 그 이용자는 이를 복제할 수 있다. 다만, 공중의 사용에 제공하기 위하여 설치된 복사기기에 의한 복제는 그러하지 아니하다.

대한민국 「저작권법」의 내용을 일부 인용하였다. 5명 내외의 소그룹에서는 이 법에 따라 서로 대본 등의 자료를 공유하는 것이 법의 제한을 받지 않을 것으로 생각되지만, 복사가 필요한 경우 개인의 판단에 의하여 결정하기 바란다.

# Chapter 3.

# 중그룹(10명 이상)을 위한 제안

가정의 규모를 넘어서는 10명 이상의 그룹에서 학습 자료를 공유하는 것은 「저작권법」의 위반이 될 것으로 생각한다.

네이버의 TENTER 카페를 적극 활용하여 서로의 학습 진도를 공유하고 「저작권법」에 문제가 되지 않는 각종 정보들을 공유하는 것이 바람직할 것으로 생각한다.

각 개인별로는 앞의 '독학하는 사람들에게 하는 제안'을 고려하여 자료를 준비한다.

# Chapter 4.

# 대그룹(100명 이상)을 위안 제안

이 책에서 제시하는 방법에 따라 어떻게 대본을 준비하고, 어떻게 학습을 하여야 하는가에 대하여 교육을 실시한다. 학습자들에게 수시로 동기 부여를 하고 필요하면 TENTER 카페와 같은 것을 만들어, 학습 자료가 아닌 학습 진도를 공유하는 것 정도는 아무런 문제가 되지 않을 것 같다. 물론 TENTER 카페에 가입하여 각자의 좋은 정보를「저작권법」에 문제가 되지 않는 상태에서 공유할 수 있을 것으로 생각한다.

한국에서 TENTER로 학습하는 사람이 많아질 경우 영화 제작사나 드라마 제작 회사 등과 협의하여 TENTER 학습에 적합한 자료를 제작하여 무료나 유료로 배포할 계획을 가지고 있다.

대본을 만드는 방법에 대하여는 첫 번째 책에 쓰인 것들과 이 책에서 쓰인 것들을 참고하면 된다. 추가로 궁금하거나 제안하는 방법들에 대하여는 TENTER 카페를 통하여 공유할 수 있을 것 같다. 사정이 허락된다면 직접 미드 관련 회사들과 접촉하여 교육 자료를 만들 계획도 있다. 중요한 것은 TENTER의 방식으로 영어를 학습하면 영어 학습이 쉽고 재미있다는 것이다. 효과 또한 조만간 검증이 될 것으로 생각한다. 이를 위해 육십의 나이에 여러분들을 위하여, 또한 나를 위하여 하루에도 몇 시간씩 TENTER식 영어 학습을 하고 있으며, 지금은 책을 쓰고 있다.

부록

&lt;카이유&gt;
시즌 1~5
다운로드 방법

abcdefghijklmnopqrstuvwxyz

# Chapter **1.**

# <카이유> 시즌 1 다운로드 방법

① 유튜브 검색창에서 'Caillou season 1'이라고 검색하면 아래와 같이 검색된다.

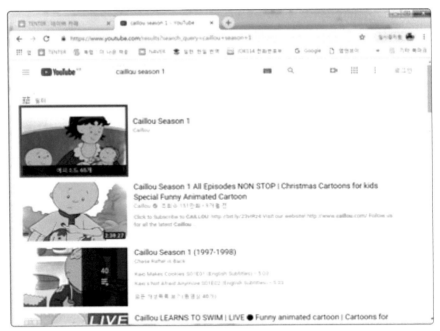

**그림 1** 유튜브 <카이유> 시즌 1

② 'Caillou Season 1'을 클릭하면 그림 2와 같이 된다.

그림 2의 링크를 복사하여 4K Video Downloader를 이용하여 〈카이유〉 시즌 1에 대한 동영상을 모두 다운로드한다.

**그림 2** 유튜브 〈카이유〉 시즌 1 링크

# Chapter 2.

## <카이유> 시즌 2~5 다운로드 방법

앞의 '<카이유> 시즌 1 다운로드 방법'의 절차를 따라 '<카이유> 시즌 2~5'를 다운로드할 수 있다.[32]

---

32   아래 네이버 카페의 링크와 해당 글에 첨부된 다운로드 링크를 참고하기 바란다.

## 1) <카이유> 플레이리스트

① 유튜브에서 'Caillou'로 검색하면 많은 동영상과 플레이리스트가 검색된다.

그림 3 유튜브 <카이유> 시즌 1 에피소드 2 링크

② 플레이리스트 중에서 하나를 선택하면(그림 3의 경우, 시즌 1 에피소드 2) 주소창이 그림 3처럼 바뀐다. 이것을 드래그하여 복사한 후 4K Video Downloader로 다운로드를 시도하면 그림 4와 같이 된다.

그림 4 다운로드 클립

③ 다운로드 클립을 클릭하면 시즌 1 에피소드 2를 위한 다운로드 창이 열린다.

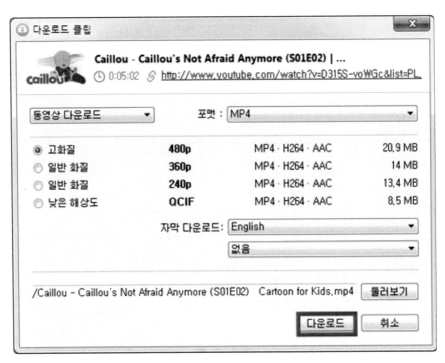

**그림 5** 〈카이유〉 시즌 1 에피소드 2 다운로드

④ 그림 5와 같이 설정한 후 다운로드를 클릭하면 지정한 위치에 동영상이 다운로드된다.

**그림 6** 〈카이유〉 시즌 1 에피소드 2 오디오 추출

⑤ 그림 6과 같이 설정한 후 '추출'을 클릭하면 지정된 위치에 원본 MP3가 다운로드된다. 현재 해당 동영상의 원본 오디오 파일은 128K이기 때문에 원본으로 지정하더라도 128K 포맷의 MP3가 다운로드된다.

**그림 7** 재생목록 다운로드

⑥ 그러나 그림 7의 '다운로드 클립'을 클릭하지 않고 '재생목록 다운로드'를 클릭하면 시즌 1 전체가 다운로드된다. 그러나 유료 버전을 구입하지 않은 경우 앞에서부터 25개의 동영상만 다운로드된다.

〈카이유〉의 경우 시즌 1은 65개, 시즌 2는 20개, 시즌 3은 13개, 시즌 4는 20개, 시즌 5는 26개의 동영상으로 구성되어 있다. 즉, 시즌 1과 시즌 5를 제외한 다른 것들은 유료 버전이 아니어도 각 시즌별 전체 다운로드가 가능하다. 시즌 1의 경우는 다음 링크의 카페에 첨부되어 있는 s1. csv를 다운로드받아 앞에서 25개씩 끊어 다른 이름으로 저장한 다음(확장자는 .csv) 다운로드받으면 된다.

시즌 5의 경우는 앞에서 25개를 다운로드받은 후 마지막 하나는 구글이나 유튜브에서 'Caillou S05E26'으로 검색하면 마지막 동영상 주소를 복사할 수 있다. 그런 다음 4K Video Downloader를 이용하여 다운로드하면 된다.

**그림 8** 〈카이유〉 시즌 1의 65개 동영상 다운로드

⑦ 그림 8과 같이 설정한 후 다운로드를 클릭하면 480p 화질의 MP4 동영상 65
개와 영어 자막을 다운로드할 수 있다. 오디오 추출을 원할 경우 그림 8의 상
태에서 '오디오 추출'을 선택하여 필요한 항목을 설정한 다음 65개의 MP3 파
일을 다운로드할 수 있다. 앞에서 동영상과 같이 자막을 다운로드받았다면
오디오 추출 시에는 자막 다운로드에 '없음'을 선택하는 것이 좋다. 그렇지 않
을 경우 앞에서 다운로드받았던 자막을 다시 다운로드받게 된다.

## 2) 플레이리스트 작성 방법

『원어민식 영어 학습법』에서 제시하는 〈카이유〉 동영상 시즌 1~5까지만 다운로드받으려면 굳이 플레이리스트를 별도로 작성할 필요가 없다.

그러나 여러 경우 이 부분이 필요할 것 같아 플레이리스트 작성 방식을 아래와 같이 설명한다. 앞에서 설명한 〈카이유〉 동영상 플레이리스트 965개에 대한 플레이리스트 변경에 대하여 설명하려고 한다.

내가 테스트한 바로는 965개의 동영상을 한꺼번에 다운로드받기를 시도하였을 때 성공한 적이 한 번도 없었다. 그러나 오디오 추출만을 선택하였을 경우는 시간이 오래 걸렸을 뿐 965개를 모두 다운로드받을 수 있었다.

일단 오디오 파일을 다운로드받은 후 또는 정보 가져오기를 끝낸 후('정보를 가져오는 중'이라는 메시지가 사라진 후) '파일'의 '다운로드 링크 내보내기'를 클릭하거나 Ctrl+Shift+S를 눌러 플레이리스트 내용을 저장한다. 정보 가져오기를 끝내기 전에 '다운로드 링크 내보내기'를 클릭하면 그림 10과 같이 조금 전에 복사했던 플레이리스트가 그대로 저장된다.

**그림 9** 다운로드 링크 내보내기

**그림 10** 다운로드 시작 전에 저장 시

다운로드가 시작된 후에 'Ctrl+Shift+S'를 눌러 플레이리스트를 저장하면 그림 11 과 같이 된다.

그림 11 다운로드 시작 후에 저장 시

이것을 그대로 활용하면 데이터 용량이 많고 복잡하여 활용성이 떨어진다. 다음의 절차에 따라 활용하기에 편리한 플레이리스트를 만들어 보자.

① 4K Video Downloader에서 'Ctrl+Shift+S'를 눌러 그림 12와 같이 플레이리스트를 저장한다.

그림 12 965.csv 저장 화면

② 저장한 '965.csv'를 선택한 다음 'Ctrl+C'를 눌러 파일을 복사한다.

③ 다시 'Ctrl+V'를 눌러 그림 13과 같이 복사한 파일을 붙여넣기한다.

**그림 13** 965.csv 복사본 만들기

④ 확장자의 이름을 csv에서 txt로 바꾼다.

확장자를 바꾸려 하면 '이름 바꾸기' 경고 창이 뜬다. 복사한 파일이므로 부
담 없이 '예'를 클릭한다.

**그림 14** 파일의 확장자 바꾸기

⑤ 마이크로소프트 엑셀(Microsoft Excel)이나 한컴오피스의 한셀에서 '열기' 또는 '불러오기'를 선택하여 텍스트 파일을 연다.

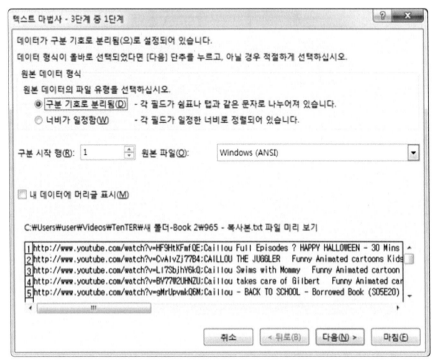

그림 15 마이크로소프트 엑셀의 텍스트 마법사 1단계

⑥ 그림 15와 같이 '텍스트 마법사'가 열린다. '구분 기호로 분리됨'을 선택한다. '다음(N)'을 클릭한다.

**그림 16** 마이크로소프트 엑셀의 텍스트 마법사 2단계

⑦ '기타(O)'를 클릭한 다음 세미콜론(;)을 입력한다. '마침(F)'을 클릭한다.

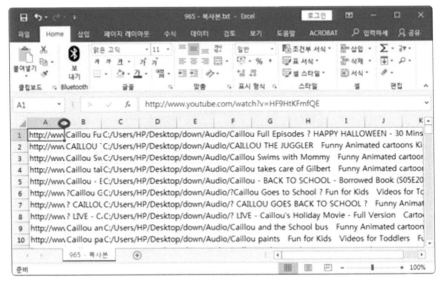

**그림 17** 마이크로소프트 엑셀에서 텍스트 파일 열기

⑧ 파일이 열리면 A열과 B열 사이를 더블 클릭한다.

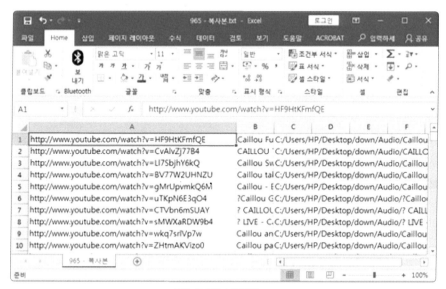

**그림 18** 칼럼 A 폭 조정

⑨ 그림 18과 같이 되면 필요에 따라 25개, 50개, 또는 100개 단위로 A열의 데이터를 복사한다.

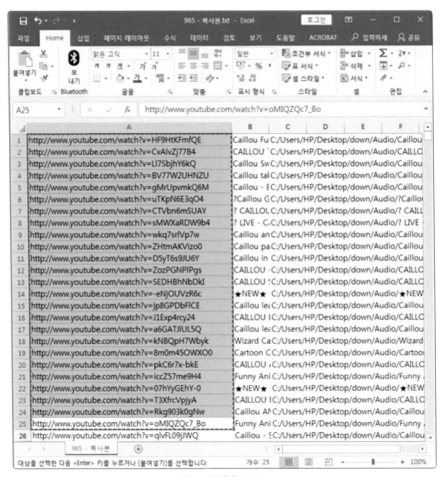

**그림 19** 재생목록 복사

⑩ 그림 19는 25개의 데이터를 드래그한 다음 복사(Ctrl+C)한 것을 나타낸다.

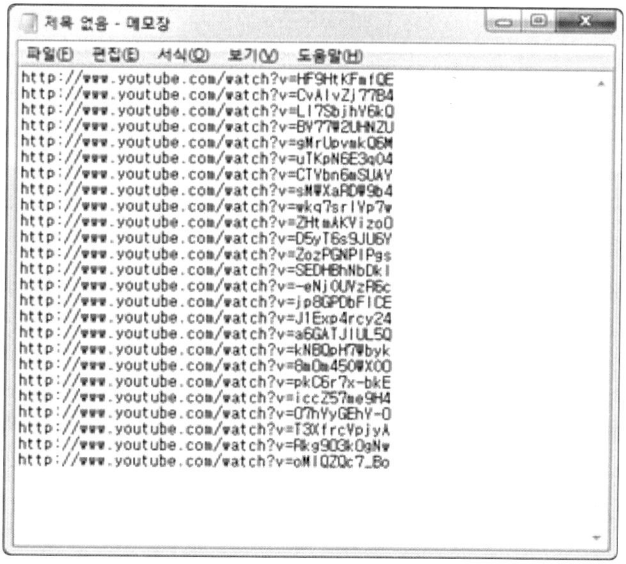

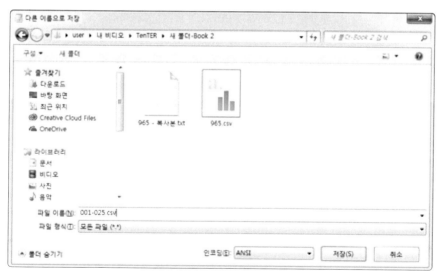

**그림 20** 복사한 것을 메모장에 붙여넣기

⑪ 그림 20은 새 메모장을 열어 붙여넣기(Ctrl+V)한 것이다.

**그림 21** 001-025.csv

⑫ 파일을 다른 이름으로 저장한다.

'파일 형식(T)'을 '모든 파일(*.*)'로 선택한 후, '파일 이름(N)'에 원하는 이름을 입력한다. 여기서는 편의상 001-025.csv로 하였다.

이제 이 파일과 4K Video Downloader를 이용하여 총 965개의 플레이리스트 중 25개만을 다운로드할 수 있는 새로운 플레이리스트가 작성된 것이다. 이런 식으로 다운로드받은 전체 플레이리스트를 별도의 작은 플레이리스트들로 저장한 후 다운로드하면 전체 965개의 동영상을 다운로드받는 것이 가능하다. 물론 원본 동영상을 다운로드할 경우 약 400GB의 저장 공간과 NTFS 포맷의 USB 드라이버나 하드 디스크가 필요하다.

첫 번째 책 출간 이후 독자들의 반응을 지켜보고 있다가 몇 달이 채 못 되어 교사용 책이 한 권 더 필요하다는 것을 느꼈다. 이 책을 통하여 많은 사람들이 영어를 재미있고 쉽게 학습할 수 있길 바란다.

공자님 말씀에 '알기만 하는 사람은 좋아하는 사람보다 못하고, 좋아하는 사람은 즐기는 사람보다 못하다'라고 한다.

또한 '천재는 노력하는 사람을 이길 수 없고, 노력하는 사람은 즐기는 사람을 이길 수 없다'라고 한다.

어떤 하나의 교재에 얽매여 있기보다는 좋아하는 하나의 영화나 드라마 또는 애니메이션을 골라 TENTER의 방식으로 학습하면서 영어 학습을 즐기게 되면 얼마든지 영어를 잘할 수 있게 될 것이다.

아직은 아니지만 내가 연습한 것을 동영상 자료로 만들어 보도자료로 만들어 배포하거나 유튜브 등에 올려 많은 사람이 TENTER 영어 학습법에 대하여 알게 하도록 할 계획이다.

약 20년 전 영어를 열심히 익히다가 문제를 하나 발견하였다. 첫 번째 책에도 적은 내용이지만 아주 오랜 시간 이어폰을 통하여 영어를 들으며 받아쓰기를 하고 있었는데 귀에 통증이 있었다. 집 근처 이비인후과에 들러 진단을 받았는데 내용은 충격적이었다. 귀(청력)는 현 상태를 유지할 수는 있지만 기능이 향상되는 것을 기대할 수는 없다는 것이었다. 영어 듣기 및 말하기 능력과 나의 청력을 바꾸라는 말과 같았다. 그것은 말도 안 되는 이야기였다. 그 뒤로 이어폰으로 듣는 거의 모든 것을 중지하였다.

최근에 영어 학습에 대한 필요성이 아주 커서 다시 영어를 공부하려고 하니 가장 큰 문제가 영어를 이어폰(헤드폰)으로 듣는 것이었다.

우연히 2018년 3월 골전도 헤드폰을 알게 되었다. 하나님께서 나에게 영감으로 그것을 발견하도록 하셨기에 이 우연이 일어난 것으로 믿고 있다. 이제 때가 되어 영어도 공부하고 다른 많은 사람들에게 좋은 소식을 전하라고 주신 하나님의 은혜라고 생각한다.

예수님은 인류의 구세주로 이천 년 전 이 땅에 오셨지만 그분에 대하여 아직도 모르는 사람이 너무나 많고, 그를 진심으로 믿고 있는 사람은 더욱 더 적다. 많은 사람이 "교회 다니세요?"라고 묻는다. 그러나 성경에는 분명히 '예수를 믿어야 구원을 얻는다'라고 적혀 있다.

> 주 예수를 믿으라 그리하면 너와 네 집이 구원을 받으리라
> - 사도행전 16장 31절

> Believe in the Lord Jesus, and you will be saved - you and your household.
> - Acts 16:31

그게 그거지, 무슨 차이가 있느냐고 할지도 모른다. 그러나 교회를 다니면서도 구원을 받을 수 없는 사람이 있을 수도 있다. 성경 어느 구절에도 '교회 다니면 구원받는다'라는 말은 없다. 그러나 성경에 약속한 대로 예수를 믿으면 구원을 얻는

다. 그것은 하나님께서 우리에게 해 주신 약속이기 때문이다.

오늘, 2018년 10월 24일, 집 근처 병원에 가서 건강검진을 하였다. 왼쪽 귀는 정상이지만 오른쪽 귀는 소음성 난청이라는 진단을 받았다. 20년 전과 비교하였을 때 크게 달라지진 않은 것 같다.

그러나 최근 약 1년 이상을 TENTER의 방식으로 엄청난 영어 학습을 하면서 헤드폰을 통해 영어를 들었는데 청력이 악화되지 않았다는 것은 나에게는 너무나 큰 기쁜 소식이다. 주로 골전도 헤드셋(무선 제품)과 골전도 헤드폰(유선 제품)을 통하여 들으며 녹음하는 방식으로 영어 학습을 하고 있기 때문에 청력에는 문제가 생기지 않는 것 같다. 그리고 이론에 의하면 잘 안 들리는 오른쪽 귀로도 골전도 헤드폰을 통하여 얼마든지 깨끗하게 듣고 영어 학습을 할 수 있다는 것 또한 너무나 큰 기쁜 소식이 아닐 수 없다.

책을 잘 읽었으면 알고 있겠지만 골전도 헤드폰을 이용하면 고막을 통하지 않고 들을 수 있기 때문에 고막을 통한 청력과는 전혀 상관이 없이 열심히 학습을 할 수 있다.

요즘은 책을 쓰느라 하루에 하나 또는 두 개 정도씩 녹음을 하고 있다. 책을 쓰는 동안 여러 가지 자료를 접하면서 영어에 대한 지식은 늘어날지 모르지만 영어 연습은 입으로 하는 것이지 머리로 하는 것은 아니기 때문에 자료들이 말하기 능력을 향상시키지는 못할 것 같다.

이제 이 책을 마무리하고 다시 본격적으로 TENTER식으로 영어를 익히면 영어 실력 또한 일취월장할 것으로 믿어 의심치 않는다.

오늘이 2018년 10월 24일.

독자들은 오늘을 기점으로 TENTER 카페의 출석부를 통하여 내가 어떤 내용을 얼마만큼 학습하며 녹음하고 있는지 볼 수 있다. 아직 원고를 완전히 마무리한 것은 아니기 때문에 어느 정도 시간이 더 걸릴 수 있겠지만 조만간 책 쓰는 것을 끝내고 영어 학습에 전념할 계획이다.

　나는 남을 속이기를 싫어하고 정직한 것을 좋아하기 때문에 내가 기록하는 출석부의 내용은 나의 실제 학습 내용에 어떠한 가감도 없는 진실이라 믿어도 된다. 모든 내용이 녹음되고 있으니, 기회를 통하여 언론매체에 내가 학습한 것이 보도될 수도 있을 것이다.

윤현국

아빠가 두 번째 책을 준비하고 계신다. 이번에는 첫 번째 책인『원어민식 영어 학습법』에 이은 교사용 책이라고 한다. 처음 책을 출판할 때 이 방법이 영어를 공부하는 데 정말 획기적인 방법이라고 생각했는데 생각보다 사람들이 책만 보고 그 방법을 따라하는 데는 어려움이 있었던 것 같다. 그래서 아빠가 교사용 책을 통해서 좀 더 자세하게 학습 자료라든지 학습법 등을 공유하고 싶어서 쓰시게 된 것이다. 지도자용은 아빠의 노하우가 가득 담겨 있어서 그대로 따라 한다면 어렵지 않게 시작할 수 있을 것이다. 바람은 여러 지도자들이 생겨서 이 방법을 통해 많은 사람들이 영어를 쉽고 재미있게 익힐 수 있었으면 하는 것이다.

아빠와 함께 공동 저자로 첫 책을 냈을 때 둘째 임신 상태였는데 지금 둘째가 태어난 지 갓 100일을 넘겼다. 그사이 첫째는 일취월장으로 언어 능력이 향상돼서 지금은 영어로 대화하는 것이 가능하다. 만 세 살이 안 된 아이인데 듣고 말하는 능력이 한국에서 학교를 초등학교 정도 다닌 아이와 유사할 정도로 잘한다. 물론 영어가 모국어인 아이이기는 하지만 실제 생활에서 애니메이션이라든지 대화를 통해서 영어에 끊임없이 노출되어 있기 때문일 것이다. 한국인인 나의 영향으로 한국어로 이해는 잘하고 말은 짧은 문장이나 단어 선에서 가능하다. 확실히 어린 나

이에 두 언어에 노출이 되니 두 언어로 자연스럽게 소통이 된다. 아이들의 가능성은 무한하다고 느껴진다.

그렇다면 영어권에서 살 수 있는 환경이 되지 않는 대부분의 한국 사람들이 어떻게 그만큼 영어에 노출될 수 있을까? 정답은 아빠가 책에서 이야기하는 애니메이션, 드라마, 어학 교재, 영화 등의 매체를 통해서일 것이다. 이 방법으로 하려면 꾸준히 하는 것이 중요한데 첫 번째 책에서도 강조했듯이 하루에 일정 시간을 투자하여 따라하고 녹음하고 한다면 더욱 효과가 좋을 것이다. 물론 최소 30분은 정말 짧은 시간이고 더 많은 시간을 투자할 수 있다면 좋겠지만 꾸준히 하는 것이 더 중요한 것 같다.

내년(2019년) 1월 9일이면 내가 미국에 온 지 10년이 된다. 10년 동안 나의 영어 실력에도 많은 변화가 있었다. 처음 일 년 반은 수업 시간에 영어로 100% 진행되는 강의를 따라갈 수 없어 정말 좌절도 많이 하고 힘들었다. 그 이후로 점차 귀가 뚫리고 영어로 말하는 것에 익숙해지면서 나아졌지만 영어에 자신감을 가진 것은 몇 년 되지 않은 것 같다. 이제 나는 영어로 말하는 것에 두려움이 없다. 왜냐하면 영어는 내 모국어가 아니기에 지금의 수준으로 학문을 배울 수 있고 의사소통하고 미국에서 어려움 없이 행정을 처리하고 하는 것만으로도 잘하고 있다고 생각하기 때문이다. 보통 사람들은 언어를 배울 때 실수하지 않고 완벽하게 하려고 시작부터 부담을 가지는 것 같다. 하지만 사실 영어권에서 태어나고 자라지 않는 이상 완벽하게 원어민처럼 말하고 사고하고 문법을 틀리지 않는 것은 불가능할 것이다. 한국 사람도 한글 맞춤법이 완벽하지 않고 모두가 글을 잘 쓰는 것은 아니듯이 외국인도 마찬가지로 실수를 한다. 『원어민식 영어 학습법』으로 언어를 재미있게 공부하고 너무 완벽하게 영어를 해야겠다는 부담감을 가지지 않았으면 한다.

아빠가 2017년부터 꾸준히 만 보를 걷고 계신다. 아빠의 딸답게 나도 목표가 있어야 더 잘하는 편이다. 미국 간호사(RN, Registered Nurse)이긴 하지만 지금은 두 아이의 육아로 인해서 전업주부가 되었다. 이제 둘째는 3개월이 조금 지났고 출산 후 처음 3개월 동안 한국에서 엄마가 오셔서 육아와 살림 등을 도와주셨다. 나의 목표는 엄마가 한국에 가시기 전까지 출산으로 인해서 변화된 몸을 회복하고 임신 이전의 몸무게로 체중을 돌려놓는 것이었다. 노력한 결과 2개월 반 만에 임신 전보다 체중이 덜 나가게 되었다. 거의 23kg을 감량했는데 이것은 몸의 회복이 다른 사람보다 빠른 것도 있었겠지만 무엇보다도 내가 체중을 원래대로 돌려놓겠다는 의지가 정말 강했기 때문이라고 생각한다. 내가 이 이야기를 하는 것은 목표의 중요성을 이야기하고 싶어서이다. 목표가 '원어민처럼 말하기'라고 한다면 너무 거대해서 중간에 포기하게 될 가능성이 많다. 하지만 목표를 세분화해서 작은 목표를 먼저 달성할 수 있다면, 하나하나 목표를 성취해 가면서 큰 목표인 영어 실력 향상이라는 것에 다가가는 성취감을 맛볼 수 있을 것이다. 예를 들어서 〈카이유〉 시즌 1을 한 달 안에 완료하기'라든지, '좋아하는 외화를 두 달 만에 녹음을 끝내겠다' 같은 목표가 있을 수 있다.

나의 두 딸은 아마 영어로 말하는 것이 더욱 자연스러울 것이다. 아빠의 영어 학습 동기는 나의 딸들과 자연스럽고 깊은 대화를 하는 것이듯이 이 책을 읽는 분들도 좋은 동기와 목표를 발견하여 영어 공부의 첫 발걸음을 일단 내딛었으면 한다.

윤예지